Een waaier van gedachten over geloven

Hoofdlijnen in het theologisch werk
van Hendrik M. Vroom

Bibliography of Published Works
by Hendrik M. Vroom

Een waaier van gedachten over geloven

Hoofdlijnen in het theologisch werk
van Hendrik M. Vroom

door

Dirk van Keulen

Bibliography of Published Works by Hendrik M. Vroom

compiled by

Annewieke L. Vroom

Onder redactie van

Henry Jansen en Jerald D. Gort

Amsterdam - New York, NY 2010

Deze uitgave is mogelijk gemaakt door de steun van:
de sectie Ontmoeting van Tradities van de Faculteit der
Godgeleerdheid, Vrije Universiteit, Amsterdam,
de afdeling zending Kerk in Actie (verbonden met de
Protestantse Kerk in Nederland)

en de steun en enthusiasme van de uitgever, Editions Rodopi

Aangeboden aan Hendrik M. Vroom ter gelegenheid van zijn
afscheid als hoogleraar Godsdienstwijsbegeerte aan de Faculteit
der Godgeleerdheid van de Vrije Universiteit, Amsterdam.

Het paard staat voor adel en vooral voor spiritualiteit. De kleur blauw
is immers in de christelijke iconografie teken voor de hemel, voor
transcendentie. De kleur rood duidt hier op agressiviteit. Het paard
staat met zijn hoofd licht naar links gebogen alsof het zich erop bezint
hoe het kwaad in de wereld is te overwinnen.

The horse represents nobility and primarily spirituality, whereas in
Christian iconography blue is the color used for heaven and
transcendence. Red refers to aggressiveness here. The horse is standing with his head bowed to the left, as if it is reflecting on how evil in
the world and in religion can be overcome.

Omslag: *Blaues Pferd I* by Franz Marc. Toestemming verleend
door Städtische Galerie im Lenbachhaus, München.

Cover design: Pier Post

The paper on which this book is printed meets the requirements of
"ISO 9706:1994, Information and documentation - Paper for
documents - Requirements for permanence".

ISBN: 978-90-420-2871-5
©Editions Rodopi B.V., Amsterdam - New York, NY 2010
Printed in the Netherlands

Een waaier van gedachten over geloven:
Hoofdlijnen in het theologisch werk van Hendrik M. Vroom
DIRK VAN KEULEN 1
    Inleiding 1
    Geloven 7
    Heilige Schrift en hermeneutiek 13
    Gereformeerde oecumene 35
    Theologie der godsdiensten 45
    Cultureel en politiek engagement 81
    Slot 95

Bibliography of Published Works by Hendrik M. Vroom
COMPILED BY ANNEWIEKE L. VROOM 99
    As Author 99
    As Editor 118

Een waaier van gedachten over geloven

Hoofdlijnen in het theologisch werk van Hendrik M. Vroom

Dirk van Keulen

Inleiding

In de zomer van 1964 schrijft Henk Vroom zich in voor zijn studie theologie. Voor een aankomend student opgegroeid in een gereformeerd gezin[1] — "gereformeerd" heeft hier betrekking op de Gereformeerde Kerken in Nederland (GKN) — betekent dat in die jaren een keuze tussen Amsterdam en Kampen. In Kampen is de Theologische School van de GKN gevestigd, in Amsterdam vinden we de Vrije Universiteit (VU). De GKN hebben een overeenkomst met de VU gesloten: wie aan de VU theologie heeft gestudeerd, kan predikant worden in de GKN.

Henk Vroom kiest voor VU en specialiseert zich aan het eind van zijn studie in de godsdienstwijsbegeerte. Na zijn studie wordt hij bevestigd als predikant en verricht pastoraal werk in het Diaconessenziekenhuis te Heemstede (1977). Hij blijft echter ook als wetenschappelijk medewerker verbonden aan de VU. Gedurende die jaren werkt hij onder leiding van de godsdienstfilosoof G.E. Meuleman (1925-1998)[2] en de systematisch theoloog en ethicus H.M. Kuitert (geb. 1924)[3] aan zijn dissertatie. Op 28 september

---

[1] Vrooms ouders waren van gemengd gereformeerde en hervormde komaf. Het gezin bezocht de Gereformeerde Kerk.

[2] Zie over hem: W. Stoker, "Meuleman, Gezinus Evert", in: *Biografisch Lexicon voor de geschiedenis van het Nederlandse Protestantisme, deel 6*, Kampen: Kok, 2006, 190-91.

[3] Zie over hem: Martien E. Brinkman, "Een godzoeker pur sang. Een schets van Kuiterts theologie", in: H.M. Kuitert, *Kennismaken met Kuitert*, red. M.E. Brinkman, z.p.: Ten Have, 1999, 15-32.

1978 verwerft hij de doctorsgraad met zijn studie *De Schrift alleen?*[4] Ruim een jaar later (oktober 1979) wordt hij bevestigd als predikant van de Gereformeerde Kerk van De Bilt. Maar ook dan blijft hij tegelijkertijd als wetenschappelijk hoofdmedewerker verbonden aan de VU. Met ingang van 1 april 1988 geeft hij zijn taak als gemeentepredikant op om zich geheel aan het wetenschappelijk onderzoek en onderwijs aan de VU te wijden. Nog weer vier jaar later (1992) volgt hij zijn promotor Meuleman op als hoogleraar godsdienstwijsbegeerte aan de VU. Op 11 september 1992 aanvaardt hij zijn ambt met het uitspreken van zijn inaugurele rede getiteld *Religie als duiding van de dood*.[5] Hij zal het hoogleraarsambt aan de VU blijven uitoefenen tot zijn emeritaat in januari 2010.

Op het moment dat de jonge Henk Vroom zich inschrijft als student aan de VU beleven de GKN turbulente tijden. De GKN zijn in 1892 ontstaan als een fusie van twee afsplitsingen van de Nederlandse Hervormde Kerk (NHK): de Doleantie van 1886 en de Afscheiding van 1834. Abraham Kuyper (1834-1920),[6] de leider van de Doleantie, en Herman Bavinck (1854-1921),[7] die afkomstig is uit de traditie van de Afscheiding, zijn de onbetwiste leiders van de GKN. Beiden houden zich niet alleen met theologie bezig, maar geven ook blijk van een grote culturele en maatschappelijke betrokkenheid. Kuyper staat aan de basis van de in 1879 opgerichte Anti-Revolutionaire Partij (ARP), de eerste moderne politieke partij in Nederland. Gedurende lange tijd heeft hij zitting in het Nederlandse parlement en van 1901-1905 bekleedt hij zelfs het

---

[4] H.M. Vroom, *De Schrift alleen? Een vergelijkend onderzoek naar de toetsing van theologische uitspraken volgens de openbaringstheologische visie van Torrance en de hermeneutisch-theologische opvattingen van Van Buren, Ebeling, Moltmann en Pannenberg*, Kampen: Kok, 1978 (verder afgekort als DSA).

[5] H.M. Vroom, *Religie als duiding van de dood. Over de aanknopingspunten van religie in het menselijke bestaan aan de hand van gebeden bij het sterven*, Amsterdam: Vrije Universiteit, 1992.

[6] Zie over hem: Jeroen Koch, *Abraham Kuyper. Een biografie*, Amsterdam: Boom, 2006.

[7] Zie over hem: R.H. Bremmer, *Herman Bavinck als dogmaticus*, Kampen: Kok, 1961; *Herman Bavinck en zijn tijdgenoten*, Kampen: Kok, 1966.

ambt van Minister-president. Bavinck verwerft grote bekendheid met zijn vierdelige *Gereformeerde Dogmatiek*—recent in het Engels vertaald—, is betrokken bij de ARP en schrijft in de tweede helft van zijn loopbaan niet alleen over theologie, maar ook over filosofie, psychologie en pedagogiek. Na de dood van de twee voormannen in het begin van de jaren twintig breekt er in de GKN een strijd uit tussen een vooruitstrevende en een behoudende richting. De laatste wint, getuige de besluiten van de generale synode van de GKN in 1926[8] om de predikant J.G. Geelkerken (1879-1960) af te zetten vanwege zijn bijbelbeschouwing en om een letterlijke lezing van de Bijbel voor te schrijven. Deze besluiten leiden niet alleen tot een kleine scheuring in de GKN, maar brengen de GKN ook in een kerkelijk, theologisch en cultureel isolement. Nieuwe conflicten aan het eind van de jaren dertig en de eerste helft van de jaren veertig leiden in 1944 tot een nieuwe scheuring in de GKN. In de jaren vijftig komt er een veranderingsproces op gang, dat resulteert in groeiende openheid. Een centrale rol in dat veranderingsproces speelt—zoals ook Vroom in een van zijn vroege artikelen schrijft[9]—de dogmaticus van de VU: G.C. Berkouwer (1903-1996).[10] Berkouwer maakt zelf een ontwikkeling door van isolement naar openheid. De behoedzame en integere wijze waarop hij zijn eigen weg gaat en de wijze waarop hij anderen deelgenoot maakt van zijn ontwikkelingsgang hebben tot gevolg dat velen hem op zijn weg volgen. Het jaar 1961 geldt in de kerkhistorische literatuur over de GKN als een breekpunt. In dat jaar komt er een boek uit van negen hervormde en negen gereformeerde predikanten, waarin zij stellen dat de scheiding tussen GKN en NHK niet langer geloofwaardig is.[11] Het

---

[8] Zie daarover: George Harinck (red.), *De kwestie Geelkerken. Een terugblik na 75 jaar*, Barneveld: De Vuurbaak, 2001.

[9] H.M. Vroom, "Vast en zeker. Over zekerheid en onzekerheid in het geloof", in: *In rapport met de tijd. 100 jaar theologie aan de Vrije Universiteit*, Kampen: Kok, 1980, 253v.

[10] Zie over hem: C. van der Kooi, "Berkouwer, Cornelis", in : *Biografisch Lexicon voor de geschiedenis van het Nederlandse Protestantisme, deel 5*, Kampen: Kok, 2001, 51-55.

[11] De Achttien, *Van kerken tot kerk. Hervormd-gereformeerd gesprek*, Amsterdam: Ten Have, 1961.

zal echter tot 2004 duren voordat de GKN, de NHK en de Evangelisch Lutherse Kerk in Nederland fuseren tot de Protestantse Kerk in Nederland. In datzelfde jaar 1961 bezoeken twee waarnemers (waaronder G.C. Berkouwer) de assemblee van de Wereldraad van Kerken te New Delhi. Dit zet een proces in gang, dat achtereenvolgens leidt tot het lidmaatschap van de GKN van de World Alliance of Reformed Churches (1965), de Raad van Kerken in Nederland (1968) en de World Council of Churches (1971). Het jaar 1961 is ook het jaar dat de in 1944 ontstane vrijgemaakt Gereformeerde Kerken afwijzend reageren op een voorstel van de GKN om de scheuring van 1944 ongedaan te maken. Belangrijk zijn verder het besluit van de generale synode van de GKN, dat het lidmaatschap van de socialistische PvdA geen reden meer mag zijn voor het nemen van tuchtmaatregelen (1963) en de intrekking van de besluiten uit 1926 (1967).

Onder dit gesternte begint Henk Vroom in 1964 aan zijn theologiestudie aan de VU.[12] De GKN bevinden zich in een veranderingsproces dat leidt tot groeiende openheid. Is Berkouwer vooral degene die de ramen en deuren van het gereformeerde bastion heeft geopend, de eerste generatie leerlingen van Berkouwer — waartoe onder meer Vrooms promotor Meuleman en copromotor Kuitert behoren — plukt daarvan de vruchten en zoekt eigen wegen in de wereld van kerk en theologie. Vroom behoort tot de tweede generatie leerlingen van Berkouwer. Van hen geldt nog in sterker mate dat ieder zijn eigen weg zoekt.

In deze bijdrage doe ik een poging een beeld van de weg van Henk Vroom te schetsen. Uiteraard moet dat beeld binnen de grenzen van dit opstel beperkt blijven tot enkele hoofdlijnen. De bibliografie van Henk Vroom laat zien dat hij, net zoals bijvoorbeeld zijn leermeester Berkouwer, een vruchtbaar auteur is. Een uitputtende beschrijving, analyse en weging van Vrooms werk ligt op de weg van een toekomstige promovendus. Ik moet mij beperken tot het aanwijzen van hoofdlijnen aan de hand van enkele sleutelteksten met als doel een inleiding te bieden in zijn gedachtegoed.

---

[12] Zie voor een schets van de geschiedenis van de theologische faculteit van de VU: Maarten Aalders, *125 jaar Faculteit der Godgeleerdheid aan de Vrije Universiteit*, Zoetermeer: Meinema, 2005.

Ik begin bij enkele vroege publicaties. Deze cirkelen alle rond de term "geloven" — een thema, waar in de jaren zeventig ook Vrooms co-promotor Kuitert zich mee bezig hield, getuige bijvoorbeeld diens boeken *Zonder geloof vaart niemand wel* (met daarin de beroemde *one-liner*: "Alle spreken over boven komt van beneden, ook de uitspraak dat iets van boven komt") en *Wat heet geloven?*.[13] Vrooms verdere werk laat zich vervolgens — met een zinspeling op een van zijn hoofdwerken: *Een waaier van visies*[14] — waaiervormig beschrijven langs meerdere lijnen en gebieden: a) Heilige Schrift en hermeneutiek; b) Gereformeerde oecumene; c) Theologie der godsdiensten; en d) Cultureel en politiek engagement.[15] Hoewel ik ter wille van de overzichtelijkheid onderscheid maak tussen verschillende hoofdlijnen, moet men tegelijkertijd beseffen dat de lijnen niet te scheiden zijn. Gedachten, ideeën en concepten uit de ene lijn interfereren met andere lijnen.

---

[13] H.M. Kuitert, *Zonder geloof vaart niemand wel: een plaatsbepaling van christendom en kerk*, Baarn: Ten Have, 1974 (citaat pag. 28); *Wat heet geloven? Structuur en herkomst van de christelijke geloofsuitspraken*, Baarn: Ten Have, 1977.

[14] H.M. Vroom, *Een waaier van visies: Godsdienstfilosofie en pluralisme*, Kampen: Agora, 2003 (verder afgekort als: *WV*); Engelse vertaling: *A Spectrum of Worldviews: An Introduction to Philosophy of Religion in a Pluralistic World*, Amsterdam/New York: Rodopi 2006 (verder afgekort als *SW*).

[15] Er zijn ook andere, kleinere lijnen in zijn theologie. Als voorbeeld noem ik die naar de encyclopedische plaats van de theologie binnen de universiteit. Zie daarvoor bijvoorbeeld: H.M. Vroom, "Vooronderstelt theologie geloof?", in: *Cultuur als partner van de theologie. Opstellen over de relatie tussen cultuur, theologie en godsdienstwijsbegeerte, aangeboden aan Prof. Dr. G.E. Meuleman*, Kampen: Kok, 1990, 125-39; H.M. Vroom, "Theology and Religious Studies: Progress and Relevance", in: Martien E. Brinkman, e.a. (eds.), *Theology between Church, University and Society*, Assen: Royal van Gorcum, 2003, 88-105.

Geloven

Eerst dus enkele vroege publicaties uit de tijd dat Vroom zijn wetenschappelijk werk combineert met het predikantschap.

Wanneer in 1980 de VU honderd jaar bestaat,[1] geeft de theologische faculteit ter gelegenheid daarvan een bundel artikelen uit. Verschillende medewerkers van de faculteit leveren een bijdrage. Vroom schrijft onder de titel "Vast en zeker" over zekerheid en onzekerheid in het geloof. Het artikel ademt de sfeer van de GKN. Zo vergelijkt Vroom onder meer de visies van Kuyper en Bavinck over zekerheid in het geloof.[2] Hij analyseert zo een voor de geschiedenis van de GKN centraal thema. In het werk van Kuyper en Bavinck bestaat namelijk een nauwe verbinding tussen de visie op de zekerheid van het geloof en de schriftbeschouwing. Dat verklaart waarom de discussies over de schriftbeschouwing in de GKN altijd met zoveel emotionaliteit gepaard gingen.[3] Door te kiezen voor het thema van de zekerheid van het geloof laat Vroom blijken met beide benen in de gereformeerde traditie te staan. Daar liggen, zoals hij ook uit andere publicaties blijkt,[4] zijn wortels. In "Vast en zeker" zoekt Vroom zijn eigen weg in aan-

---

[1] Zie over de geschiedenis van de VU in zijn totaliteit: A.Th. van Deursen, *Een hoeksteen in het verzuild bestel. De Vrije Universiteit 1880-2005*, Amsterdam: Bert Bakker, 2005.

[2] "Vast en zeker", 257-67

[3] Vgl. daarvoor mijn *Bijbel en dogmatiek. Schriftbeschouwing en schriftgebruik in het dogmatisch werk van Kuyper, Bavinck en Berkouwer*, Kampen: Kok, 2003.

[4] Zie bijvoorbeeld: H.M. Vroom, *DSA*, 62-87; H.M. Vroom, "De gelezen Schrift als principium theologiae", in: M.E. Brinkman (red.), *100 jaar theologie: Aspecten van een eeuw theologie in de Gereformeerde Kerken in Nederland (1892-1992)*, Kampen: Kok, 1992, 96-160; Wessel Stoker en H. M. Vroom, *Verhulde waarheid: Over het begrijpen van religieuze teksten*, Zoetermeer: Meinema 2000, 57, 63vv., 108v. (verder afgekort als: *VW*); H.M. Vroom "On being 'Reformed'", in: Christine Lienemann-Perrin, Hendrik M. Vroom and Michael Weinrich (red.), *Reformed and Ecumenical: On Being Reformed in Ecumenical Encounters*, Amsterdam/Atlanta: Rodopi 2000 (Currents of Encounter, Vol. 16), 167; H.M. Vroom, *Plaatsbepaling: Christelijk geloof in een seculiere en plurale cultuur*, Zoetermeer: Meinema, 2006, 19, 44, 86, 125vv., 141v. (verder afgekort als *Pb*).

sluiting bij het werk van Bavinck en Berkouwer. Bavinck verbindt de geloofszekerheid vooral met geloofsovergave. Geloven is een weg, die men in vertrouwen op Gods beloften mag gaan. Gaandeweg ontstaat dan de zekerheid. Deze zekerheid heeft betrekking op het centrum of de kern van het geloof.[5] Verwijzend naar colleges van Berkouwer benoemt Vroom die kern als Gods openbaring in Christus,[6] of als "God die zich in Jezus Christus over mensen ontfermt".[7] De kern van de geloofszekerheid, zo concludeert hij, ligt daarom "in het vertrouwen op de belofte van het Koninkrijk van God dat in Jezus Christus reeds is verschenen".[8] Door de zekerheid te koppelen aan de kern, ontstaat tevens ruimte om over perifere zaken van mening te kunnen verschillen en onzekerheid te verdragen.

Uit het artikel "Vast en zeker" komen vier karakteristieken naar voren, die voor het verstaan van Vrooms gehele werk van belang zijn. De eerste is zijn visie op geloven.[9] Geloven is niet iets statisch of iets intellectueels in de zin van het aanvaarden van bepaalde dogmatische formuleringen.[10] Geloven is juist een dyna-

---

[5] Vgl."Vast en zeker", 265; H.M. Vroom *Waarom geloven? Argumenten voor en tegen geloof*, Kampen: Kok, 1985, 90 (verder afgekort als: *WG*); "Geloven", in: J. Firet en J.A. Montsma (red.), *Geloven bij benadering. Overwegingen bij moeilijkheid en mogelijkheid van geloven*, Delft: Meinema, 1988, 18.

[6] "Vast en zeker", 265; vgl. *WG*, 63: "[...] Jezus het hart van de Bijbel".

[7] "Vast en zeker", 267.

[8] "Vast en zeker", 268; vgl. *WG*, 90: "[...] de geloofszekerheid ligt in het vertrouwen op God, de Vader van Jezus Christus [...]".

[9] Elders onderscheidt Vroom vijf "aspecten" van geloven, namelijk: beleving en geloofservaring in engere zin, kennis, handelen, gemeenschappelijkheid en getuige-zijn (H.M. Vroom, "Contextualiteit en criteria voor goed christelijk geloof", in: J. Tennekes en H.M. Vroom [red.], *Contextualiteit en christelijk geloof*, Kampen: Kok, 1989, 34v.; vgl. H.M. Vroom "Wie kan nog een christen genoemd worden?", in: J.M. Vlijm (red.), *Buitensporig geloven. Studies over "randkerkelijkheid"*, Kampen: Kok, 1983, 115v.).

[10] Vgl. *WG*, 90.

misch gebeuren, dat zich laat omschrijven als *het gaan van een weg*. "Geloven is wandelen met God", zoals hij in een ander artikel uit dezelfde tijd formuleert.[11] Men gaat die weg *coram deo*, voor het aangezicht van God. Daarom omvat geloven ook het gehele menselijke bestaan. Het is niet iets extra naast het gewone leven, maar het doortrekt het gehele bestaan.[12] "Het gaat om leven in het geloof".[13]

In de tweede plaats is Vrooms omschrijving van de aard van geloven van belang. Hij duidt deze aan met woord *vertrouwen*: "Geloven is leven in vertrouwen op God", zoals hij meermaals benadrukt.[14] Dat betekent niet, dat kennis in het geloof kan worden gemist. Je kan je immers niet in vertrouwen aan God overgeven als je niet weet wie God is. Geloofsvertrouwen berust daarom op kennis van Gods daden.[15] Om uit te leggen wat de aard van geloofskennis is, neemt Vroom een onderscheiding in twee soorten kennis van John Henry Newman (1801-1890) over: begripsmatige

---

[11]"Geloven", 11; vgl. ook "Contextualiteit en criteria voor goed christelijk geloof", 34; H.M. Vroom, "Anders leren zien. Overwegingen bij de overdracht van geloof in een pluralistische cultuur", in: Anton van Harskamp (red.), *Om de toekomst van een traditie: Opstellen over geloofsoverdracht*, Kampen: Kok, 1993, 26. Het beeld van een weg gebruikt Vroom in dezelfde tijd trouwens ook met betrekking tot het waarheidsbegrip: "Wat is die waarheid anders dan de weg die men heeft leren kennen omdat men erop wandelt" (H.M. Vroom, "Geloofswaarheid als kennis van de weg", in: J.M. Vlijm (red.), *Geloofsmanieren. Studies over pluraliteit in de kerk*, Kampen: Kok, 1981, 236); vgl. *DSA*, 269; H.M. Vroom, *Naar letter en geest: Over het beroep op de bijbel*, Kampen: Kok, 1981, 132 (verder afgekort als *NLG*).

[12]"Geloven", 12v., 24; *WG*, 57.

[13] *WG*, 90.

[14]"Geloven", 11, 13, 16; *WG*, 55, 58v., 90;"Wie kan nog een christen genoemd worden?", 115;"Contextualiteit en criteria voor goed christelijk geloof", 34;"Vooronderstelt theologie geloof?" 33; H.M. Vroom, *Religie als ziel van cultuur: Religieus pluralisme als uitdaging*, Zoetermeer: Meinema, 1997, 36 (verder afgekort als *RZC*); *Waarom Jezus?: Overwegingen aan de hand van het Onze Vader*, Kampen: Kok, 1997, 46v. (verder afgekort als *WJ*); *Pb*, 199.

[15] Vgl."Geloofswaarheid als kennis van de weg", 231.

kennis *(notional assent)* en echte kennis *(real assent)*. Hoewel begripsmatige kennis niet kan worden gemist, staat in het geloven echte kennis centraal. Deze echte kennis is niet zozeer kennis van het hoofd, maar kennis van het hart:[16] kennis uit eigen ervaring, persoonlijke kennis, inzicht, wijsheid.[17]

Nauw met de twee vorige punten verbonden is het derde punt: *openheid*. In geloven als het gaan van een weg en geloven als vertrouwen kan openheid niet worden gemist. Dat komt bijvoorbeeld tot uit uitdrukking in Vrooms verzet tegen een allesoverheersende, krampachtige zekerheid en in zijn pleidooi voor het uithouden van onzekerheid in perifere zaken. De drie karakteristieken vindt men bij elkaar als hij schrijft:

> Zekerheid is, als het goed is, geen gebrek aan *openheid*. Het is geen krampachtig vasthouden wat ons dreigt te ontglippen, maar frank en vrij alles onder ogen zien wat op onze *weg* komt in het *vertrouwen* dat Hij met ons is.[18]

Een vierde karakteristiek is de nadruk op Jezus Christus. Hij vormt de kern van het christelijk geloof. Aan Hem kunnen wij zien wie God is.

Geloven is echter niet vanzelfsprekend of onaangevochten. Dat wordt duidelijk uit Vrooms boek *Waarom geloven?* (1985). Hij begeeft zich daarin op het gebied van de godsdienstkritiek en de apologetiek. Tegen geloven worden allerlei argumenten ingebracht. Geloof is, zoals critici zeggen, niet zeker (het zou niet systematisch zijn, niet gegrond op empirische gegevens, niet intersubjectief, niet vrij en niet kritisch). Het is verbeelding, projectie. Het wordt misbruikt als ideologie om specifieke belangen te dienen. Er bestaat voorts een grote diversiteit aan geloven of religies.

---

[16]"Wie kan nog een christen genoemd worden?", 121: "Het is geen optelsom van waarheden, maar geleefd inzicht in Jezus Christus als Heer der wereld".

[17]"Geloven", 15v., 18; *WG*, 57: "Geloofskennis lijkt meer op de kennis die men van de mensen krijgt met wie men langer omgaat. Het is kennis van God, geen kennis van leer over God"; "Geloofswaarheid als kennis van de weg", 221, 227; "Contextualiteit en criteria voor goed christelijk geloof", 39.

[18]"Vast en zeker", 275; vgl. *WG*, 56.

Welke moet je kiezen? Geloof biedt geen houdbare antwoorden met betrekking tot het lijden. En geloof is volgens sommigen vaag en onduidelijk.[19] In *Waarom geloven?* weegt Vroom deze argumenten,[20] nadat hij er eerst een reeks argumenten tegenover heeft geplaatst die voor geloof pleiten.[21] Die argumenten berusten vooral op bepaalde ervaringen: de ervaring van de betrekkelijkheid en de vergankelijkheid van het leven, de ervaring van falen en tekortschieten, de ervaring van bevrijding.[22] Dat zijn ervaringen die ieder mens in principe kunnen overkomen. Voor wie gelooft, stelt Vroom, verwijzen deze ervaringen boven zichzelf uit naar God.[23] Hij concludeert daarom: "Geloof staat of valt met de ervaringen die het dragen".[24] Naast de vier eerder genoemde karakteristieken van geloven als het gaan van een weg, geloven als vertrouwen, de onmisbaarheid van openheid en Jezus Christus als het hart van het christelijk geloof, vormt dit idee van basiservaringen als fundament van geloof (religie) een vijfde karakteristiek in Vrooms werk.

In zijn vroege werk heeft het begrip "geloven" — hoewel hij in *Waarom geloven?* wel verscheidene keren schrijft over niet-christelijke godsdiensten[25] — vooral betrekking op het christelijk geloof. In zijn latere werk kan het ook een bredere betekenis hebben en kan "geloven" het pluriforme geheel van religieuze tradities omvatten, dat tezamen het veld van godsdiensten en levensbeschouwingen vormt. Zo is het begrip "geloven" het scharnier dat de waaier van Vrooms werk bijeenhoudt en het draaipunt van waaruit men die waaier kan openvouwen. Dat openvouwen wil ik in de nu volgende vier paragrafen doen door vier hoofdlijnen in zijn werk te benoemen. Met het openvouwen van de waaier zal het perspectief zich stap voor stap verbreden.

---

[19] *WG*, 7-30.

[20] *WG*, 65-86.

[21] *WG*, 31-64.

[22] *WG*, 33-55, 88v.; vgl. "Vooronderstelt theologie geloof?", 136.

[23] *WG*, 89.

[24] *WG*, 90; vgl. "Geloven", 21.

[25] Zie *WG*, 10v., 20v., 40vv., 52, 68, 70, 73v., 84.

Heilige Schrift en hermeneutiek

De eerste hoofdlijn in Vrooms werk laat zich samenvatten met de woorden: Heilige Schrift en hermeneutiek. Hij heeft zich vanaf het begin van zijn loopbaan daarmee bezig gehouden. Het beste voorbeeld is zijn dissertatie uit 1978, waarin hij zich buigt over het zogeheten hermeneutisch probleem. Zijn hoofdvraag luidt: "op welke wijze de bijbel maatstaf is voor theologische uitspraken".[1] Dat is een typisch reformatorische vraag. Het was immers de Reformatie die het *sola scriptura* — alleen de Schrift — als uitgangspunt voor de theologie stelde. In zijn inleiding stelt Vroom vast, dat het beroep op de Bijbel om tenminste twee redenen niet gemakkelijk is.[2] De ene reden is de diversiteit van de bijbelse geschriften. Zij spreken niet uniform over bepaalde vraagstukken. Hoe kun je je dan op de Bijbel beroepen? Welke passages haal je naar voren? De andere reden is het feit dat iedereen de Bijbel met zijn eigen ogen en dus vanuit zijn eigen persoonlijke, culturele en maatschappelijke achtergrond leest en interpreteert. Dit leidt tot verschillen tussen bijbelse en theologische uitspraken. Een theoloog rekent dus in zijn argumentatie ook met andere dan bijbelse gegevens. Daaruit laat zich de titel van Vrooms dissertatie verklaren: *De Schrift alleen?*

Hij begint zijn studie met een analyse van de wijze waarop de Schotse gereformeerde theoloog T.F. Torrance (1913-2007) zijn dogmatische stellingname beargumenteert. Van daaruit ontwerpt hij aan het begin van zijn tweede hoofdstuk een model van openbaringstheologie als type van theologiseren, om aan de hand van dat model vervolgens het werk van Abraham Kuyper en Karl Barth te analyseren. De keuze voor deze twee theologen is niet toevallig. Kuyper is prominent vertegenwoordiger van de kerkelijke traditie van de GKN waarin Vroom is opgegroeid en geworteld. De theologie van Barth is — anders dan in de NHK — lange tijd in de GKN met kracht bestreden. Illustratief daarvoor is bijvoorbeeld de dissertatie van Berkouwer uit 1932.[3] Sinds de ver-

---

[1] *DSA*, 1.

[2] *DSA*, 2.

[3] G.C. Berkouwer, *Geloof en openbaring in de nieuwere Duitsche theologie*, Utrecht: Kemink en Zoon, 1932, vooral 104-24 en 193-223.

schijning in 1954 van *De triomf der genade in de theologie van Karl Barth* van dezelfde Berkouwer,[4] werd de theologie van Barth ook door veel gereformeerden omarmd.

De opzet van het model van openbaringstheologie in zijn dissertatie is kenmerkend voor Vrooms systematische wijze van denken. Om die reden geef ik het model hier verkort weer. Het omvat vijf kenmerken:[5]

1. Het object van de theologie: dat is God.
2. De wijze waarop God wordt gekend:
   a) afhankelijk van Gods openbaring;
   b) de Heilige Schrift bevat het verslag van Gods openbaring en is daarom het middel om kennis van God te verwerven;
   c) de Heilige Schrift verdraagt geen "neutrale" exegese; uitleg van de Schrift als Woord van God vereist daarom "gelovig luisteren";
   d) "Kennis van God wordt gevonden in een persoonlijke ontmoeting met God.
3. Historische bepaaldheid:
   a) het menselijk tekort: vanwege het feit dat mens door zonde wordt bepaald, kan niet worden gerekend met een "een positieve eigen inbreng van de gelovige in zijn geloof, c.q. in de theologie";
   b) eigentijdse theologie: eigentijdse vormgeving van de theologie is enerzijds legitiem (een mens kent God als kind van zijn eigen tijd), maar anderzijds een smet (men behoort de tijdgebondenheid te boven te komen);
   c) ontwikkeling van de theologie: ook daarin komt een ambivalentie tot uitdrukking: enerzijds is er erkenning van de mogelijkheid dat de kennis van God in de loop van de tijd groeit; anderzijds wordt ontkend dat de contemporaine dogmatiek meer kennis van God heeft dan vroegere theologie;
   d) het hermeneutisch probleem: daarover wordt niet expliciet gereflecteerd.

---

[4] G.C. Berkouwer, *De triomf der genade in de theologie van Karl Barth*, Kampen: Kok, 1954.

[5] *DSA*, 60-62.

4. Waarheid: een uitspraak is waar wanneer deze overeenstemt met de zaak waarnaar deze verwijst; theologische uitspraken benaderen de waarheid en zijn daarom in principe voor correctie vatbaar.
5. Criteria: theologie behoort haar object op de juiste wijze te beschrijven. Omdat de Schrift het middel is van Gods openbaring, is de Bijbel het criterium voor de theologie. Andere criteria, zoals consistentie en compatibiliteit met contemporaine ideeën, zijn nauwelijks onderwerp van gesprek.

Zoals gezegd, bespreekt Vroom in zijn dissertatie aan de hand van dit model de wijze van theologiseren van Abraham Kuyper en Karl Barth. Hoewel tussen het werk van Kuyper, Barth en Torrance aanzienlijke verschillen bestaan, signaleert Vroom ook overeenkomsten. Daaruit leidt hij drie problematische punten af, die naar zijn inzicht eigen zijn aan openbaringstheologie in het algemeen. Er is (1) geen bevredigende visie op de historische ontwikkeling in theologische uitspraken. Datzelfde (2) geldt voor de historische bepaaldheid of de tijdgebondenheid van geloof en theologie.[6] Het grootste probleem (3) is volgens hem echter gelegen in het vraagstuk van de hermeneutiek: "De vraag hoe men het Evangelie als mens in een bepaalde tijd moet begrijpen en uitleggen komt niet uitvoerig aan de orde". Vroom concludeert daarom dat het paradigma van openbaringstheologie "niet genoeg ruimte [laat] voor een doordacht en verantwoord eigentijds verstaan van het Evangelie".[7] In het derde hoofdstuk van zijn *De Schrift alleen?* bespreekt en analyseert hij daarom werk van vier theologen waarin het hermeneutisch vraagstuk juist een centrale plaats inneemt, namelijk—de toen bekende, maar thans vrijwel vergeten—Paul M. van Buren (1924-1998), Gerhard Ebeling (1912-2001), Jürgen Moltmann (geb. 1926) en Wolfhart Pannenberg (geb. 1928).[8] In zijn slothoofdstuk maakt hij vervolgens de balans op.

---

[6] *DSA*, 109, vgl. 252.

[7] *DSA*, 110.

[8] Enkele maanden na de verdediging van zijn dissertatie publiceerde Vroom ook een artikel over Pannenberg: "Pannenbergs benadering van de ongelovige denker", in: *Gereformeerd Theologisch Tijdschrift* 79/1 (februari 1979), 1-23.

Hij zet in bij het hermeneutisch vraagstuk. Uitgangspunt is de vooronderstelling, dat men teksten begrijpt vanuit de eigen persoonlijke en culturele achtergrond en vanuit de eigen betrokkenheid op en het inzicht in de zaak waarover het in een tekst gaat.[9] Op basis daarvan zet Vroom voorwaarden voor het verstaan van teksten uiteen. Zo benadert hij *hermeneutiek* als een *wijsgerige discipline*, die vraagt naar de voorwaarden voor het verstaan van teksten. Daarmee breekt hij met de traditie in de GKN die hermeneutiek vooral opvatte als een exegetisch vak waarin de theorie van de exegese wordt onderzocht.

Vroom onderscheidt meerdere aspecten aan het proces dat moet leiden tot het verstaan van teksten. Daarbij valt op, dat hij uitdrukkelijk teruggrijpt op het werk van Hans-Georg Gadamer (1900-2002), dat zo'n belangrijke plaats inneemt in de ontwikkeling van de hermeneutiek in de twintigste eeuw[10] en waarin het begrip "horizontversmelting" een centrale plaats inneemt.[11] Hoewel reeds eerder door anderen uit de kring van de GKN naar het werk van Gadamer is verwezen,[12] kan men zeggen dat Vroom bij

---

[9] *DSA*, 223, 232, 240 (waar Vroom de aan Bultmann ontleende term "Vorverständnis" gebruikt).

[10] Zie bijvoorbeeld Anthony C. Thiselton, *New Horizons in Hermeneutics*, London: HarperCollins, 1992.

[11] Hans-Georg Gadamer, *Wahrheit und Methode: Grundzüge einer philosophischen Hermeneutik*, Tübingen: J.C.B. Mohr, 1960. Ik herinner mij, dat Vroom ook tijdens colleges hermeneutiek in de tweede helft van de jaren tachtig van de vorige eeuw veel aandacht schonk aan de visie van Gadamer.

[12] Berkouwer noemt bijvoorbeeld Gadamers naam in zijn studie *De Heilige Schrift, deel 1*, Kampen: Kok, 1966, 163, noot 150. Berkouwer erkent daar, dat men bij het verstaan het "Vorverständnis" moet honoreren, maar lijkt tegelijkertijd (pag. 164) bezorgd dat dit het "tegenover" van de Schrift aantast, met als gevolg dat de interpretatie van de Schrift te subjectief wordt. Vroom lijkt Berkouwer impliciet te antwoorden als hij in zijn boek *Naar letter en geest* schrijft: "Zo langzamerhand wordt het tijd om de kritische vraag op te werpen of dan niet iedereen zomaar in de tekst kan lezen wat hij er graag in hoort. Als uitleg in feite inlezen van onze eigen situatie is, is alle uitleg dan geen inleg? Het enige antwoord op deze vraag dat m.i. mogelijk is, vinden we in wat Gadamer horizont-

uitstek degene is geweest die Gadamers visie in de GKN heeft geintroduceerd[13] en daarmee ernst heeft gemaakt.

Volgens Vroom gaat het in het verstaan van een tekst niet zozeer om het begrijpen van de bedoelingen van de auteur (zoals Schleiermacher en Dilthey hebben bepleit), maar (met Barth, Ebeling en Gadamer) om de *zaak* die aan de orde is.[14] Het belangrijkste moment bij het verstaan is gelegen in het moment dat Gadamer "horizontversmelting" heeft genoemd. Enerzijds is er de verstaanshorizont van de auteur van een tekst; anderzijds is er de eigen verstaanshorizont, die niet slechts betrekking kan hebben op een persoon, maar ook op groepen mensen en zelfs culturen. Volgens Vroom is de verstaanshorizont daarom "beweeglijk en ongrijpbaar".[15] Beide horizonten zijn "ontwerpen", die met elkaar samenhangen: "De beelden van de andere en van de eigen cultuur die men zich heeft gevormd, staan in feite binnen de verstaanshorizont waarin men ervaringen opdoet en waarin men denkt".[16] In het versmelten van beide horizonten krijgt een tekst betekenis. Daarbij moet men zoeken naar het verband tussen de kennis die men als mens levend op de hoogte van zijn tijd over iets heeft en de kennis die de tekst over dezelfde zaak te bieden heeft. Wat op dat moment gebeurt omschrijft Vroom (met een zinspeling op een uitspraak van Ian T. Ramsey)[17] in zijn boek *Naar letter en geest* (een populariserende uitwerking van zijn dissertatie uit 1981) met de woorden: "Tekst en eigen tijd komen samen. 'The penny drops'.

---

versmelting noemde [...] Het probleem is niet dat uitleg en inleg samengaan, ja dat uitleg inleg ís, – de vraag is hoe we ons voor verkéérde inleg kunnen behoeden!" (*NLG*, 104).

[13] Zie vooral *DSA*, 191-201 en 223-29. Vgl. *NLG*, 104vv.; Vrooms introductie op een tekst van Gadamer in: *De Schriften verstaan: Wijsgerig-hermeneutische en theologisch-hermeneutische teksten*, gekozen en ingeleid door W. Stoker, B. Vedder en H.M. Vroom, Zoetermeer: Meinema, 1995, 123-30; *WV*, 56-59, 62-65 (*SW*, 43-49, 54-57).

[14] *DSA*, 224v., 267, 269.

[15] *DSA*, 240; vgl. "Geloofswaarheid als kennis van de weg", 203.

[16] *DSA*, 227.

[17] De woorden "the penny drops" zijn ontleend aan Ian T. Ramsey (zie: *WV*, 96; *SW*, 92).

Het klikt. Een vonk springt over. Een lezer ziet iets, zowel in het verhaal van toen als in zijn eigen leven. De tekst spreekt. Een inzicht ontstaat".[18] Men verstaat een tekst dus altijd als kind van zijn of haar eigen tijd.

De taak van de theologie is volgens Vroom "de boodschap van het Evangelie [te] verbinden met wat mensen in onze tijd voor waar houden".[19] Een lezer begrijpt een tekst dus niet alleen vanuit zijn eigen persoonlijke en culturele achtergrond, maar vormt zich ook een oordeel over wat een tekst zegt.[20] Het begrijpen van een tekst kan dus niet blijven staan bij het verstaan van een tekst als historisch document.[21] Zo maakt hij duidelijk, dat de *waarheidsvraag* een aspect is van het hermeneutisch probleem. Bij het verstaan van de Bijbel gaat het namelijk enerzijds om wat de Bijbel zegt en anderzijds om wat mensen (vanuit hun eigen verstaanshorizont) voor waar houden. Dat leidt noodzakelijkerwijs tot de vraag naar de waarheid van wat de bijbelse geschriften meedelen.[22]

In het tweede en derde deel van het slothoofdstuk van zijn proefschrift onderscheidt Vroom een subjectief van een objectief moment van kennis. Het subjectieve moment is in het voorafgaande al benoemd in de eigen verstaanshorizont. Deze "ligt aan alle kennen en oordelen ten grondslag en ontwikkelt zich in onze eigen levensgeschiedenis".[23] Omdat verstaanshorizonten—diachroon én synchroon—verschillen, is er verscheidenheid in het begrijpen van teksten.[24]

Het thema van verscheidenheid of pluriformiteit had in de jaren zeventig (en heeft dat tegenwoordig nog in veel sterkere mate!) een hoge actualiteitswaarde. De GKN, die eens een uni-

---

[18] *NLG*, 107.

[19] *DSA*, 228.

[20] *DSA*, 241.

[21] *DSA*, 226, 231, vgl. 253, 269v.

[22] *DSA*, 229-32.

[23] *DSA*, 247, 267; vgl. *NLG*, 110v.

[24] *DSA*, 242-48, 253, 269; vgl. *NLG*, 117, 121; "Geloofswaarheid als kennis van de weg", 230.

form bolwerk vormden waarin voor verscheidenheid nauwelijks plaats was, hadden in jaren zeventig van de vorige eeuw een veelkleurig gezicht gekregen. Zowel op het overkoepelende, landelijke niveau als op het niveau van de plaatselijke gemeente was sprake van een groeiende pluriformiteit. Dit leidde tot spanningen. Mede om die reden verzorgde de theologische faculteit van de VU in 1981 een artikelenbundel met studies over pluraliteit.[25]

In zijn dissertatie beklemtoont Vroom dat verscheidenheid in het verstaan van teksten legitiem is. Dit geldt ook bij het verstaan van de Bijbel: "Het subjectieve element in de kennis van de Heilige Schrift veroorzaakt verschillen tussen gelovigen. Men mag deze verschillen niet negatief waarderen, want zij zijn blijk van de concreetheid van het geloof".[26] Verscheidenheid bestaat niet alleen tussen verschillende culturen en verschillende kerkelijke tradities, maar kan ook voorkomen binnen één en dezelfde cultuur, binnen één kerkelijke traditie en binnen één land. De oorzaak daarvan is, zo zet Vroom uiteen, ook dan te zoeken in diversiteit tussen verstaanshorizonten. In later werk zal Vroom daarom de contextuele bepaaldheid van geloof en theologie sterk benadrukken.[27]

---

[25] J.M. Vlijm, *Geloofsmanieren: Studies over pluraliteit in de kerk*, Kampen: Kok 1981. Vroom schreef voor deze bundel het al enkele keren eerdere aangehaalde artikel "Geloofswaarheid als kennis van de weg".

[26] *DSA*, 242, vgl. 250; vgl. *Pb*, 95-100.

[27] Men vindt dit in talloze teksten van zijn hand. Zie voor enkele specifieke voorbeelden: "Contextualiteit en criteria voor goed christelijk geloof", 32-50; "Tot besluit: De ambiguïteit van contextueel geloofsverstaan", in: Cors van der Burg, e.a. (red.), *Veelkleurig christendom: Contextualisatie in Noord, Zuid, Oost en West*, Zoetermeer: Meinema 2003, 227-237; H.M. Vroom "After the Christian Era: The European Context", en "Conclusion: Contextual Theology Revisited", in: Mercy Amba Oduyoye and Hendrik M. Vroom (eds.), *One Gospel – Many Cultures: Case Studies and reflections on Cross-Cultural Theology*, Amsterdam/New York: Rodopi, 2003, 63-81 en 225-34; H.M. Vroom, "Understanding the Gospel Contextually: Legitimate and Suspect?", in: Christine Lienemann-Perrin, Hendrik M. Vroom and Michael Weinrich (eds.), *Contextuality in Reformed Europe: The Mission of the Church in the Transformation of European Culture*, Amsterdam/New York: Rodopi, 2004, 35-54.

Wil men verschillen in visies en opvattingen bespreekbaar maken, dan "moet men rekenen met de horizont waarbinnen zij staan".[28] Soms kan men verschillen in horizont gedeeltelijk overbruggen. Dit is echter ingewikkeld naarmate horizonten sterk uiteen lopen, bijvoorbeeld als gevolg van culturele en kerkelijke tradities met een lange geschiedenis. Men kan verschillen van inzicht niet vergelijken door ze langs een "neutrale meetlat" te leggen. Daarom benadrukt Vroom: "Een echt vergelijk kan alleen plaatsvinden wanneer mensen uit diverse tradities elkaar ontmoeten om te proberen te begrijpen wat men met zijn uitspraken bedoelt en wat er stilzwijgend in wordt verondersteld".[29] Dit vraagt om openheid en bereidheid zich in een ander te verplaatsen.[30]

Naast het subjectief staat het objectief moment van kennis. Voor de christelijke theologie is dit gelegen in de Bijbel.[31] Deze is "het vaste gegeven waarnaar men telkens kan teruggrijpen".[32] Het belangrijkste criterium voor de toetsing van christelijk-theologische uitspraken—en daarmee keert Vroom terug tot de eerder genoemde kernvraag voor zijn studie—is gelegen in de overeenstemming met de Heilige Schrift.[33] Maar hoe kan men zich op de

---

[28] *DSA*, 247.

[29] *DSA*, 248.

[30] *NLG*, 121.

[31] *DSA*, 259; vgl. H.M. Vroom, *Geen andere goden: Christelijk geloof in gesprek met boeddhisme, hindoeïsme en islam*, Kampen: Kok 1993, 119v. (verder afgekort als: *GG*).

[32] *DSA*, 269.

[33] *DSA*, 270, vgl. 258v. In een later artikel noemt Vroom acht criteria voor de toetsing van christelijke geloofsuitspraken. Deze moeten (1) verworteld zijn in de Heilige Schrift (sola scriptura); (2) coherent zijn met wat in de Schrift over Christus wordt gezegd (solus Christus); (3) de mens coram Deo stellen, als een zondaar aangewezen op genade; (4) compatibel zijn met wat mensen uit ervaring weten ("empirical fit"); (5) worden verantwoord met het oog op alternatieve intellectuele tradities; (6) zoveel als mogelijk met elkaar in een systematisch verband staan; (7) worden verantwoord binnen de christelijke theologie; (8) mogen niet het belang van een bepaalde groep dienen ten koste van het welzijn van anderen ("Contextualiteit en criteria voor goed christelijk geloof", 43-48).

Schrift beroepen? Vroom beklemtoont, dat een beroep op afzonderlijke teksten, de methode van de zogeheten bewijsplaatsen, onbevredigend is.[34] De Bijbel is daarvoor te pluriform. Bovendien leidt deze methode van de omgang met de Bijbel al snel tot een beperking tot de persoonlijke moraal. In plaats daarvan pleit hij voor een beroep op de centrale strekking, de skopus van de Schrift, die hij nauw verbindt met de reformatorische grondregel *sacra scriptura sui ipsius interpres*.[35] Daarin sluit hij zich aan bij Berkouwer, die al eerder in zijn dogmatische studie over *De Heilige Schrift* had gewezen op de skopus van de Schrift als hermeneutische sleutel.[36] Bij Berkouwer heeft deze skopus de functie subjectivisme in de interpretatie van de Schrift de pas af te snijden.[37] Vroom werkt de betekenis van het skopusbegrip verder uit. Omdat hij vergeleken met Berkouwer minder bevreesd is voor het subjectieve moment en dit uitdrukkelijk wel een plaats wil geven in zijn theologisch denken en in de omgang met de Schrift, gaat hij hier verder dan zijn leermeester en zoekt hij zijn eigen weg. Evenals Berkouwer omschrijft hij de skopus als "het heil van God dat in Christus is verschenen".[38] Hij benadrukt echter, dat "ook van het kennen van de skopus van het Evangelie geldt dat het mede door onze verstaanshorizonten wordt bepaald".[39] Via de skopus kan men inzichten uit de Bijbel afleiden. In overeenstemming met wat hij eerder schreef over horizontversmelting, stelt Vroom dat die afleidingen altijd tijdbepaald zijn.[40] Ook moet men ze onderwerpen aan de kritiek van anderen. Of de afleiding van een inzicht uit de Bijbel legitiem is, is daarom een kwestie van

---

[34] *DSA*, 260; vgl. *NLG*, 24-27.

[35] *DSA*, 260; vgl. 254, 257, 267, 269; *NLG*, 124vv.

[36] Berkouwer, *De Heilige Schrift*, deel 1, 175vv.

[37] Vgl. mijn *Bijbel en dogmatiek*, 526-531.

[38] *DSA*, 254, vgl. 260 (en *NLG*, 125): "Men denke aan Paulus, die niets anders wil verkondigen dan Christus, en die gekruisigd"; 269: "[...] met als centrum de verschijning van God in Christus"; *GG*, 123; *Pb*, 143: "Voor het christendom is Christus het centrum van de bijbel".

[39] *DSA*, 260-61.

[40] *DSA*, 261v.

consensus. Kerk en traditie spelen daarbij een belangrijke rol, belangrijker dan men in de reformatorische traditie meestal heeft willen erkennen.[41] Hoewel het verstaan van de Bijbel afhankelijk is van "een zelfstandig oordeel van de uitleggers over de betekenis van de teksten in eigen tijd en situatie" behoeft men volgens Vroom niet bang te zijn voor de erkenning van het subjectieve moment in het verstaansproces. Hij verwijst daarvoor naar "de leiding van de Heilige Geest, die de kerk in de waarheid zal leiden",[42] al kan de kerk zich nooit op de leiding van de Geest beroepen ter fundering van haar eigen gezag om los van de Bijbel tot leeruitspraken te komen.[43]

Behalve met de Schrift houdt de theologie ook rekening met de resultaten van andere wetenschappen, die van belang zijn voor het bewustzijn van de inhoud van verstaanshorizonten.[44] Ook daarin ligt naar Vrooms oordeel een "objectief element".[45] Omdat gegevens uit het eigentijdse denken "randvoorwaarden" zijn voor het verstaan van de Schrift, meent Vroom dat deze geen afbreuk doen aan het reformatorische *sola scriptura*. De Schrift blijft naar zijn inzicht "het voornaamste criterium waaraan men theologische uitspraken moet toetsen".[46]

In zijn *De Schrift alleen?* wil Vroom dus uitdrukkelijk binnen de reformatorische traditie blijven staan. Hij blijft vasthouden aan het *sola scriptura*: de Schrift blijft het belangrijkste criterium voor de toetsing van christelijk-theologische uitspraken. Hij kiest echter wel voor een door en door hermeneutische weg in de zin dat hij, in aansluiting aan en voortbouwend op het werk van Gadamer,

---

[41] *DSA*, 262v., 266v.

[42] *DSA*, 263v.; vgl. *NLG*, 131vv. In deze verwijzing naar de Heilige Geest klinkt de invloed van Jan Veenhof (geb. 1934) door, die ten tijd van Vrooms promotie Berkouwer is opgevolgd als hoogleraar dogmatiek aan de VU. De Geest en zijn werk is een van de twee pijlers onder het werk van Veenhof. Vgl. Jan Veenhof, *Vrij gereformeerd: Verzamelde artikelen*, bezorgd door Dirk van Keulen, e.a., Kampen: Kok 2005.

[43] *NLG*, 132.

[44] *DSA*, 267-69.

[45] *DSA*, 269.

[46] *DSA*, 270.

een subjectief en een objectief moment in de oordeelsvorming onderscheidt. Beide hebben hun goed recht en zijn onlosmakelijk met elkaar verbonden. Zo biedt hij, zoals een recensent van zijn proefschrift heeft gezegd, "theologische hulp [...] in de konkrete situatie van [...] de gereformeerde kerken in de post-Berkouweriaanse periode".[47]

In de eerste jaren na de voltooiing van zijn dissertatie blijft Vroom zich mengen in het debat over hermeneutiek. Een goed voorbeeld is een omvangrijk artikel, gepubliceerd in het nummer van december 1979 van het *Gereformeerd Theologisch Tijdschrift*.[48] In de betreffende jaargang van dit tijdschrift is een viertal methoden van bijbelinterpretatie besproken: (1) de historisch-kritische en de formgeschichtliche methode; (2) de structuuranalyse; (3) een materialistische benadering van de Bijbel; en (4) de methode van bijbeluitleg volgens de zogeheten "Amsterdamse school" waaraan vooral de naam van Frans Breukelman (1916-1993)[49] is verbonden. In een afsluitend artikel maakt Vroom vanuit hermeneutisch perspectief de balans op. Eerst laat hij zien welke aporieën de vier beschreven methoden van exegese in zich bergen. Hij vat deze overzichtelijk samen door te vragen hoe de vertegenwoordigers van de vier methoden de eenheid en het gezag van de Bijbel beschouwen.[50] Het historisch-kritisch Bijbelonderzoek, dat op zichzelf zijn goed recht heeft en feiten op tafel heeft gelegd die men niet zonder schade kan negeren,[51] vindt die eenheid "in de samenhang in de geschiedenis waarnaar de bijbelse geschriften verwijzen". Het gaat altijd om de geschiedenis van Israël en Jezus" levensloop. Het gezag van de Bijbel wordt in het historisch-kritisch Bijbelonderzoek echter ondermijnd door het onderscheid dat

---

[47] L. Oranje, Recensie van H.M. Vroom, *De Schrift alleen?*, in: *Gereformeerd Theologisch Tijdschrift* 80/3-4 (augustus-november 1980), 248.

[48] H.M. Vroom, "De grote daden van God: verhaal of historie?", in: *Gereformeerd Theologisch Tijdschrift* 79/4 (december 1979), 215-46.

[49] Zie over Breukelman: A.H. Boissevain, "Breukelman, Frans Hendrik", in: *Biografisch Lexicon voor de geschiedenis van het Nederlandse Protestantisme, deel 6*, Kampen: Kok, 2006, 52-54.

[50] "De grote daden van God: verhaal of historie?", 237-39.

[51] "De grote daden van God: verhaal of historie?", 218.

wordt gemaakt tussen datgene wat wordt verteld en dat wat echt is gebeurd. Bij structuuranalyse liggen de zaken anders. Als gevolg van het feit dat men teksten beschouwt als afzonderlijke literaire eenheden gaat de eenheid in de Schrift verloren. Ook is er nauwelijks ruimte voor een verband tussen de tekst en de geschiedenis die daaraan ten grondslag ligt. Hoewel een nauwkeurige analyse van ieder Bijbelboek afzonderlijk zijn waarde heeft, benadrukt Vroom dat een theoloog er niet onderuit kan het verband tussen de afzonderlijke teksten en Bijbelboeken te zoeken. Ook het verband tussen tekst en geschiedenis acht hij onopgeefbaar. De exegese volgens de Amsterdamse school doet daaraan tekort, door zich eenzijdig te richten op het geschrevene in plaats van het beschrevene. Vroom poneert daarom: "Het gezag van de bijbel ligt niet [zoals de Amsterdamse school stelt] alleen hierin dat God telkens weer dóór deze geschriften tot zijn gemeente spreekt, maar ook dat Hij zich in de geschiedenis waarvan deze geschriften verhalen heeft geopenbaard".[52] Bij een materialistische exegese ten slotte komen eenheid en gezag van de Bijbel tekort als gevolg van het feit dat men onderscheid maakt tussen teksten die waardevol zijn omdat zij voortbrengselen zijn van onderdrukten en teksten die verworpen moeten worden omdat zij de ideologie van onderdrukkers weerspiegelen.

Aan het slot van zijn artikel brengt Vroom zijn eigen visie onder woorden door te omschrijven hoe hij verband tussen tekst en geschiedenis ziet. Hij grijpt daarbij terug op het onderscheid tussen een subjectief en een objectief element van kennis, dat aan het slot van zijn dissertatie zo'n grote rol speelt. De bijbelse geschriften bevatten verhalen, waarin verslag wordt gedaan van "de geschiedenis van God met mensen".[53] Het subjectieve moment is gelegen in het feit, dat "het verhaal het verhaal van een verteller is". Het objectieve moment bestaat daarin, dat het verhaal zich concentreert op een gebeurtenis.[54] Deze karakteristiek geldt niet alleen voor Bijbelverhalen, maar voor verhalen in het algemeen. Het subjectieve en het objectieve moment horen onlosmakelijk bij elkaar. Slechts in hun samenhang komt betekenis aan het licht.

---

[52] Vgl. over de Amsterdamse school ook: *Pb*, 87-95, 108.

[53] "De grote daden van God: verhaal of historie?", 246.

[54] "De grote daden van God: verhaal of historie?", 242.

Wanneer men probeert de twee momenten van elkaar te scheiden, "gaat er iets wezenlijks verloren en houdt men geen echte kennis meer over".[55] Toegepast op de verhalen van de vier evangelisten wil dat zeggen:

> Steeds is het hun verhaal. Hun berichten verwijzen naar wat er gebeurd is; zij doen dat juist door tegelijk de betekenis van de gebeurtenissen te beschrijven zoals zij die hebben leren kennen. Daarom ligt de echte geschiedenis van Jezus niet achter de verhalen van de evangelisten, maar bestaat de geschiedenis van Jezus voor ons in die verhalen. Het subjectieve moment in het verhaal doet niet af aan de "historische" betrouwbaarheid ervan, want de aanwezigheid ook van het subjectieve moment is noodzakelijk indien ons betekenisvolle feiten worden meegedeeld.[56]

Het gaat in een Bijbelverhaal dus nooit om "bruta facta", maar om "een verhaal dat als geheel de lezer een betrouwbaar inzicht verschaft in het leven en de betekenis van Jezus c.q. in de geschiedenis van Israël".[57] Juist daarom moet men de verhalen niet afzonderlijk lezen, maar in hun onderling verband. Met deze visie legt Vroom dus—net als eerder trouwens zijn leermeester Berkouwer[58]—veel gewicht op de auteurs van de verhalen als (oog)getuigen: "men moet varen op het kompas van getuigen".[59]

Anderhalf jaar na zijn artikel in het *Gereformeerd Theologisch Tijdschrift* mengt Vroom zich in het debat over het door de gene-

---

[55]"De grote daden van God: verhaal of historie?", 242; vgl. *GG*, 122: "Zo zien we dat waarheidsaanspraken niet losgemaakt mogen worden van de subjektskant maar ook niet van de objektskant van geloof"; *Pb*, 58, 108.

[56]"De grote daden van God: verhaal of historie?", 244.

[57]"De grote daden van God: verhaal of historie?", 245; vgl. "Anders zien", 34: "Wat [in de evangelën; DvK] wordt overgedragen is geen leerstelligheid en ook geen protocol over het historisch verloop, maar inzicht in wat gebeurd is en de betekenis daarvan voor de visie op God, mens en wereld".

[58] Zie bijvoorbeeld G.C. Berkouwer, *De Heilige Schrift, deel 2*, Kampen: Kok 1967, 219-21, 225v., 229v., 304. Vgl. mijn *Bijbel en dogmatiek*, 509.

[59]"De grote daden van God: verhaal of historie?", 244; vgl. *GG*, 128.

rale synode van de GKN uitgegeven rapport over het schriftgezag, getiteld *God met ons*. Dit rapport roept veel reacties op en is omstreden vanwege het daarin verdedigde relationele waarheidsbegrip. Dit zoekt een middenweg tussen een objectivistisch waarheidsbegrip (waarheid is de overeenstemming tussen menselijke voorstelling met de zaken zelf) en een subjectivistisch waarheidsbegrip (waar is wat een mens zich aan voorstellingen verworven heeft). Met het relationele waarheidsbegrip wordt bedoeld dat "waarheid zich steeds binnen een relatie, binnen de betrokkenheid van de mens op iets anders, aftekent".[60] Waarheid komt dus aan het licht in een wisselwerking tussen subject en object. In twee artikelen in het *Gereformeerd Weekblad* verdedigt Vroom het synoderapport. In zijn eerste artikel bestrijdt hij de kritiek dat met dit relationele waarheidsbegrip de filosofie gaat heersen over de Schrift.[61] Hij doet dat door, wat hij noemt, "de bewijslast te verschuiven". Het betoog verloopt in een paar stappen. Eerst stelt hij vast dat "de" filosofie niet bestaat. Men zou daarom hooguit mogen vragen: mag een bepaalde wijsgerige stroming heersen over de Schrift? Ook "de" Schrift bestaat niet: er is een veelheid van geschriften die niet in alles overeenstemmen. Bovendien "bestaat de Schrift alleen in de uitleg". De laatste stap in het betoog luidt: "kan het zijn dat een bepaalde ontwikkeling in de wijsgerige discussies ons kan helpen iets te ontdekken dat in de theologie lange tijd niet gezien is?" Zo is de vraag omgekeerd. Zij luidt nu: "heeft 'de' theologie het bijbelse waarheidsbegrip wel goed bewaard?" Vrooms antwoord luidt ontkennend. Hij veronderstelt dat veel kerkgangers in de GKN een objectivistisch waarheidsbegrip hanteren. Dit spoort niet met het bijbelse waarheidsbegrip: "Het gaat in de bijbel niet om waarheid in de zin van een theorie die op de feiten klopt [...] maar om waarheid die gedaan wordt". Het gaat om "praktische waarheid, die zich tussen mensen afspeelt". In zijn tweede artikel over het synoderapport in het *Gereformeerd Weekblad* gaat Vroom in op de kritiek dat er met het relationele

---

[60] *God met ons: Over de aard van het Schriftgezag*, Leusden: Generale Synode GKN, 1981, 13.

[61] H.M. Vroom, "Het bijbelse en het wijsgerige waarheidsbegrip", in: *Gereformeerd Weekblad* 37/23 (29 januari 1982), 182-83.

waarheidsbegrip geen vaste, objectieve waarheid meer overblijft.[62] Aan de hand van voorbeelden (die ook in zijn dissertatie voorkomen), zoals de vraag wat de betekenis is van het woord "vijand" in het gebod van Jezus dat men zijn vijanden moet liefhebben, legt hij uit dat een tekst pas betekenis krijgt wanneer "een lezer creatief naar de betekenis zoekt". Daarom kan de Bijbel met iedere nieuwe lezer of lezersgroep ook weer nieuwe betekenis krijgen. "De waarheid van de tekst komt tot stand voor de lezer die zich openstelt". Ware, goede uitleg van de Bijbel is daarom "een woord dat een weg wijst, een woord dat heilzaam is, een woord dat iemand helpt iets van zijn leven te begrijpen". Zo uitgelegd, sluit het relationele waarheidsbegrip van het synoderapport naadloos aan bij de visie die Vroom in *De Schrift alleen?* had uiteengezet met het subjectieve en het objectieve moment van kennis.[63] Hij maakt zijn visie toepasbaar op het grondvlak van gemeenten in de GKN (Vroom is op het moment van schrijven ook gemeentepredikant) en neemt, betrokken als hij als docent aan de VU is bij de opleiding van predikanten, zijn kerkelijke verantwoordelijkheid.

Ook in later jaren blijft het hermeneutisch vraagstuk Vroom bezighouden. Zo schrijft hij in 1992 in een artikelenbundel ter gelegenheid van het honderd jarig bestaan van de GKN een overzichtsartikel over de ontwikkeling van de schriftbeschouwing in de GKN.[64] Dit artikel is vooral historisch van belang. De hermeneutische aspecten van de schriftleer nemen echter een belang-

---

[62] H.M. Vroom, "Wordt de waarheid door ons gemaakt?", in: *Gereformeerd Weekblad* 37/24 (5 februari 1982), 187-188.

[63] Een wetenschappelijke uitwerking van dit contextuele waarheidsbegrip biedt hij in zijn al eerder aangehaalde opstel "Geloofswaarheid als kennis van de weg".

[64] Naar aanleiding van dit artikel voerde Vroom een discussie met de uit de NHK (in het bijzonder de Gereformeerde Bond) afkomstige theoloog C. Graafland. Zie: M.E. Brinkman, "Samen-op-weg met één schriftleer?"; C. Graafland, "'Honderd jaar theologie' in de Gereformeerde Kerken"; H.M. Vroom, "De veranderde lezing van de bijbel"; C. Graafland, "Antwoord aan dr. H.M. Vroom"; H.M. Vroom, "Een reactie", achtereenvolgens in: *Gereformeerd Theologisch Tijdschrift* 103/2 (mei 1993), 73-76, 77-87, 88-102, 103-08 en 109-11.

rijke plaats in in Vrooms analyse. Opvallend in dit opstel is dat hij hier dezelfde methode van een analyse aan de hand van een vooraf opgesteld model hanteert, die hij eerder in zijn dissertatie ook heeft toegepast.[65]

In 1995 publiceert hij samen met zijn collega godsdienstfilosofen Wessel Stoker (geb. 1946) en Ben Vedder (geb. 1948) het boek *De Schriften verstaan*.[66] Het bevat een reeks primaire teksten van grote denkers over hermeneutiek. Deze tekstverzameling is vooral bedoeld voor studenten om zicht te krijgen op de ontwikkeling van het vakgebied van de hermeneutiek. Elke tekst is voorzien van een inleiding.[67] Vroom neemt de "Afsluitende beschouwing" voor zijn rekening. Veel inzichten die in het voorafgaande zijn samengevat komen ook nu aan de orde of worden verondersteld. Zo legt hij bijvoorbeeld opnieuw nadruk op de zaak waarover het in een bepaalde tekst gaat, op de rol van het "Vorverständnis" in het verstaan en op het feit dat "contextueel geloofsverstaan" onvermijdelijk pluraliteit tot gevolg heeft.[68] Ver-

---

[65] In dit opstel onderscheidt Vroom tien kenmerkende elementen van de schriftleer, aan de hand waarvan hij vervolgens de schriftvisie van Kuyper, Bavinck en Berkouwer analyseert: (1) unieke werking; (2) *necessitas* (noodzakelijkheid); (3) inspiratieleer; (4) *auctoritas* (gezag); (5) *sufficientia* (genoegzaamheid); (6) *claritas, perspicuitas, infallibilitas*; (7) hermeneutische ruimte; (8) interpretatieschema; (9) plausibiliteit en intellectuele integriteit; en (10) verandering, pluraliteit en consensus ("De gelezen Schrift als principium theologiae" 101-07. Een analyse aan de hand van zo'n model heeft het voordeel dat men gemakkelijk een vergelijking tussen het werk van bepaalde denkers kan maken, maar bergt mijns inziens ook een risico in zich. Het is de vraag of het werk van een bepaalde denker zich altijd in zo'n schema laat passen. Is een dergelijk schema een denker vreemd, dan loopt men het risico bepaalde intenties van de onderzochte denker over het hoofd te zien.

[66] *De Schriften verstaan: Wijsgerig-hermeneutische en theologisch-hermeneutische teksten*, gekozen en ingeleid door W. Stoker, B. Vedder en H.M. Vroom, Zoetermeer: Meinema 1995.

[67] Vroom neemt de inleidingen op de teksten van (niet toevallig) Gadamer, Schillebeeckx en Schüssler Fiorenza voor zijn rekening.

[68] H.M. Vroom, "Afsluitende beschouwing: een kritische hermeneutiek", in: *De Schriften verstaan*, respectievelijk 271v., 272-75 en 280v.; vgl. ook *WV*, 53vv. (*SW*, 41vv.).

geleken met eerdere publicaties kunnen—naast de aandacht voor het gedachtegoed van Ricoeur[69]—twee nieuwe punten worden genoteerd. In de eerste plaats geeft hij nu een inhoudelijke omschrijving van wat de zaak is die in bijbelse teksten ter sprake komt. Deze legt hij in vier aspecten uiteen: "(1) de heilsgeschiedenis; (2) de wereld; (3) het menselijk bestaan, en (4) God in diens omgang met mensen en betrokkenheid op de wereld".[70] De vier aspecten hangen onderling nauw samen. Daarom kan men de zaak waarover het in de Bijbel gaat volgens Vroom ook in één zin samenvatten: "het menselijke leven voor het aangezicht van God".[71] Dit leven *coram deo* doet denken aan een van de bovengenoemde karakteristieken van Vrooms visie op geloven, namelijk geloven als het gaan van een weg. Vroom voegt hieraan toe, dat de intentie van bijbelse teksten gelegen is in het persoonlijk aanspreken van de lezer. Dit geldt volgens hem echter niet alleen van de Bijbel: *het geldt voor religieuze teksten in het algemeen*. Hier komt een perspectiefverbreding in Vrooms werk aan het licht, die ik later als derde hoofdlijn zal bespreken. In de tweede plaats benadrukt hij op basis van het werk van Schillebeeckx en Schüssler Fiorenza meer dan voorheen de noodzaak van een *kritische hermeneutiek*. Uit de doorgaande interpretatie van heilige geschriften ontstaan religieuze tradities. Deze kunnen op basis van menselijke ervaringen ook onder kritiek worden gesteld. Dit vereist, dat "de theologie in werkelijk contact staat met de empirische basis".[72]

Ten slotte noem ik als voorbeeld van de eerste hoofdlijn in Vrooms werk het samen met Wessel Stoker geschreven boek *Verhulde waarheid* (2000).[73] Het bestaat uit acht opstellen, vier van de hand van Vroom en vier van Stoker. In hun inleiding zetten beide auteurs uiteen, dat de kernvraag die alle acht teksten samenbindt

---

[69] "Afsluitende beschouwing: een kritische hermeneutiek", 275.

[70] "Afsluitende beschouwing: een kritische hermeneutiek", 271.

[71] "Afsluitende beschouwing: een kritische hermeneutiek", 272.

[72] "Afsluitende beschouwing: een kritische hermeneutiek", 276.

[73] Voor de bibliografische gegevens zie boven pag. 7, noot 4.

die is naar het verstaan van religieuze teksten.[74] Hoewel zij zo in eerste instantie een breed perspectief suggereren, concentreren zij zich nadrukkelijk op de christelijke traditie en dus op de bijbelse verhalen. In de traditie van hun gezamenlijke leermeester Meuleman—in "dankbare herinnering" aan hem is het boek opgedragen—gaan zij het gesprek aan tussen theologie en wijsbegeerte, in de hoop de zoektocht naar een specifieke "religie-hermeneutiek" verder te helpen.[75] In zo'n religie-hermeneutiek duidt zich een verschuiving aan in Vrooms denken over hermeneutiek. Tot dusver lag de nadruk in zijn denken over hermeneutiek vooral in het toepasbaar maken van inzichten uit de algemene wijsgerige hermeneutiek in de theologie. Inzichten uit de wijsgerige hermeneutiek zijn echter niet altijd zonder meer toepasbaar als het om religieuze teksten gaat. Het lezen, interpreteren en verstaan van religieuze teksten kan een eigen religie-hermeneutiek vergen.[76]

Van begin af aan laten Vroom en Stoker er geen misverstand over bestaan wat hun gezamenlijk uitgangspunt is. De bijbelse verhalen zijn gefundeerd op een historisch basis: "Er is iets geschied". Zou dat niet het geval zijn, zou God zich niet aan mensen hebben bekend gemaakt of zou Jezus niet hebben geleefd, dan zou "de zin van het verhaal verloren gaan, omdat de basis in wat er gebeurd is, zou ontbreken". Tegelijkertijd geldt echter ook dat de bijbelse verhalen niet het karakter dragen van een historisch documentaire waarin wordt gepoogd te bepalen "hoe het precies geweest is". De bijbelse verhalen zijn geschreven in een taal vol symbolen, metaforen en mythen.[77] Ik beperk mij nu tot de vier bijdragen van Vroom in *Verhulde waarheid*.

De eerste is gewijd aan een thema waar hij in zijn eerdergenoemde artikel in het *Gereformeerd Theologisch Tijdschrift* van 1979 ook reeds over schreef: het historisch-kritisch Bijbelonderzoek.[78] Toen stelde Vroom vast, dat deze vorm van Bijbeluitleg zijn goed recht heeft, feiten op tafel heeft gelegd die men niet zon-

---

[74] *VW*, 9.

[75] *VW*, 10.

[76] *VW*, 154.

[77] *VW*, 9.

[78] Vgl. over het historisch-kritisch Bijbelonderzoek ook: *Pb*, 83-111.

der schade kan negeren, de eenheid van de Bijbel vindt in de samenhang van de geschiedenis waarnaar in de bijbelse geschriften wordt verwezen, maar het gezag van de tekst ondermijnt.[79] Nu, ruim twintig jaar later, volgt hij een ander spoor. De kern van zijn betoog is de stelling dat het historisch-kritisch Bijbelonderzoek de aard van de teksten miskent. De bijbelse verhalen proberen "inzicht over te dragen inzake het leven van mensen in deze wereld voor het aangezicht van God".[80] Daarbij kan men volgens Vroom vier soorten waarheidsaanspraken in de teksten onderscheiden: "beschrijvingen van wat gebeurd is, van het leven, van hoe de wereld is en van wie God is".[81] Deze zijn zo nauw met elkaar verweven dat men ze niet van elkaar kan losmaken. Historisch-kritisch onderzoek is uitsluitend gericht op het vaststellen van historische feiten. Het "blijft zodoende buiten de waarheidsvraag wat God, mens en wereld betreft door de 'boodschap' van de teksten om te zetten in historische waarheidsaanspraken". Zo schiet het religieus-hermeneutisch tekort. In zijn vooronderstellingen, schrijft Vroom, doet het historisch-kritisch Bijbelonderzoek denken aan wat in de filosofie "foundationalism" heet. Deze stroming zette in bij datgene wat algemeen aanvaard was. Het wilde het christelijk godsbeeld funderen op algemeen vaststelbare en aanvaardbare natuurlijke theologie. Het christelijk godsbeeld — het bijzondere — wordt dan een extra bij het wijsgerig godsbeeld.[82] Het historisch-kritisch Bijbelonderzoek volgt in feite dezelfde redenering door uit te gaan van de vooronderstelling dat alleen algemeen vaststelbare historische feiten het "echte" zouden zijn. De boodschap van de evangeliën, die geschreven zijn vanuit het perspectief van Pasen, is dan "een subjectief-gelovig extra bovenop een gemeenschappelijk, betrouwbaar beeld van Jezus". Niet zonder ironie schrijft Vroom — zich aansluitend bij Alvin

---

[79]"De grote daden van God: verhaal of historie?", 218, 237v.

[80] VW, 29; vgl. Pb, 191: "[...] een getuigenis over Gods omgang met mensen en het leven van mensen voor Gods aangezicht".

[81] VW, 18.

[82] Vgl. over het onderscheid tussen het algemene en het bijzondere ook: H.M. Vroom, "Over de prioriteit van de openbaring", in: *Gereformeerd Theologisch Tijdschrift* 85/1 (februari 1985), 11-19.

Plantinga—dat het foundationalism in de godsdienstfilosofie bankroet mag zijn, maar in de Bijbelwetenschappen soms springlevend is.[83] Zijn slotconclusie met betrekking tot het verstaan van bijbelse teksten luidt daarom:

> De symbolische taal van de bijbel met haar inzichten over God, mens, wereld en geschiedenis kan alleen begrepen worden door wie oog heeft voor de eigen aard van deze taal en zich openstelt voor de boodschap van deze teksten.[84]

Ook in Vrooms tweede bijdrage staat de verhouding tussen het algemene en het bijzondere centraal. In "Bijbelse verhalen en de filosofische godsidee" bekritiseert hij de verhouding tussen het wijsgerig en het bijbels godsbegrip. Het wijsgerig godsbegrip begint bij het algemene. Aan de hand van de filosofie van Descartes laat Vroom de aporieën van een dergelijke inzet zien. Begrippen worden losgemaakt van de bijbelse verhalen om er vervolgens "clare et distincte" mee te gaan redeneren. Daarbij verliest men echter het besef van het geheimenis als men over God spreekt.[85] Door in te zetten bij het algemene komt men nooit meer bij het bijzondere uit. "De God van de bijbel is niet los verkrijgbaar buiten het verhaal".[86] In plaats van een inzet bij het algemene pleit Vroom—zonder overigens het belang van begripsanalyse te ontkennen[87]—daarom voor een inzet bij het bijzondere. Dat wil zeggen: beginnen bij ervaringen die mensen ooit, levend *coram deo*, met God hebben opgedaan, verder verteld en opgetekend in verhalen om ze toegankelijk te maken voor mensen die deze ervaringen niet hebben meegemaakt. In deze verhalen hangen feit

---

[83] *VW*, 21v.

[84] *VW*, 33. Elders duidt Vroom het zich openstellen voor de boodschap aan als een "meegaande beweging" (*Pb*, 89, 98, 111, 195).

[85] *VW*, 58-61, 106, 164. Vgl. ook: H.M. Vroom, "De God van Abraham, de God van alle mensen", in: H.M. Vroom (red.), *De God van de filosofen en de God van de bijbel: Het christelijk godsbeeld in discussie*, Zoetermeer: Meinema 1991, 114-31; *RZC*, 67.

[86] *VW*, 12.

[87] *VW*, 70, 106, 153, 171vv.; vgl. *WV*, 262, 281 (*SW*, 275, 298).

en interpretatie onlosmakelijk samen.[88] Opnieuw vraagt Vroom zo aandacht voor de aard van de bijbelse verhalen en de taal waarin deze zijn opgetekend.

Zijn derde bijdrage[89] is een uitstekend voorbeeld van wat Vroom in zijn slotbeschouwing in *De Schriften verstaan* een "kritische hermeneutiek" noemt. Hij bepleit namelijk een verandering in het spreken over God als vader. De metafoor van het vaderschap in het spreken over God roept in de huidige tijd met veranderende rolpatronen en verschuivende visies op man en vrouw verzet op. Vroom erkent dat een verandering in het spreken over God als vader een ingrijpende verandering van de christelijke traditie betekent. Dat wil echter niet zeggen dat zo'n verandering ongeoorloofd is. Na een uitvoerige analyse van wat metaforen zijn, concludeert hij dat zo'n verandering mogelijk is door zich te beroepen op centrale noties in het christelijk spreken over God. Zo kan men het godsbeeld ontdoen van patriarchale trekken. Onopgeefbaar acht hij daarbij dat "de relatie tussen God en mensen een persoonlijke relatie is". Om die reden moet men de voorkeur geven aan relationele metaforen in het spreken over God.[90]

De vierde bijdrage ten slotte is gewijd aan een analyse van enkele voorstellingen van het goede leven zoals deze worden gevonden in liturgische teksten en liederen.[91] Daarbij staat de eigenheid van religieuze taal centraal.[92] Kenmerkend voor deze taal is dat zij algemene woorden gebruikt. In principe staat zij daarom open voor begripsmatige analyse. Bovendien schept dit mogelijkheden voor dialoog, bijvoorbeeld tussen aanhangers van ver-

---

[88] *VW*, 57, 66vv., 106.

[89] Een Engelstalige versie is onder de titel "Can We Change the Fatherhood of God?" te vinden in: Marcel Sarot en Gijsbert van den Brink (eds.), *Identity and Change in the Christian Tradition*, Frankfurt am Main, etc.: Peter Lang, 1999, 219-40.

[90] *VW*, 127.

[91] Vgl. H.M. Vroom, "Bhajans and their Symbols: Religious Hermeneutics of 'the Good Life'", in: Marcel Sarot and Wessel Stoker (eds.), *Religion and the Good Life*, Assen: Royal van Gorcum, 2004, 153-72.

[92] Vgl. Over de eigen aard van religieuze taal: *WV*, 92-118 (*SW*, 87-116).

schillende religieuze overtuigingen. Religieuze taal en religieuze voorstellingen kunnen volgens Vroom echter nooit "op begrip" worden gebracht. Uit de analyse van de teksten blijkt dat dit een gevolg is van het feit dat religieuze taal evocatief, poly-interpretabel en poly-applicabel is.[93]

Het eerste kenmerk van Vroom theologie is dus dat deze door en door hermeneutisch gekleurd is. Uitgaand van de theologie van Berkouwer en het "gesprek tussen theologie en filosofie" waar Meuleman voor pleitte, zoekt hij een eigen weg en onderzoekt de voorwaarden voor het verstaan van religieuze teksten, in het bijzonder de Bijbel. Aanvankelijk nemen daarbij—zoals blijkt uit *De Schrift alleen?*—termen uit de algemene wijsgerige hermeneutiek als verstaanshorizont, horizontversmelting (Gadamer) en "Vorverständnis" een centrale plaats in. In zijn latere werk worden deze als bekend verondersteld en richt hij zich—zoals blijkt uit zijn bijdragen in *Verhulde waarheid*—meer op de aard van religieuze teksten, op het kenmerkende van religieuze taal en op de kritische hermeneutiek. Zo tracht hij een bijdrage te leveren aan de uitwerking van een religie-hermeneutiek. Kenmerkend voor de bijbelse verhalen is het samengaan van feit en interpretatie, de onlosmakelijke verwevenheid van verschillende soorten waarheidsaanspraken ("beschrijvingen van wat gebeurd is, van het leven, van hoe de wereld is en van wie God is"), de beeldende taal en het feit dat deze teksten een leven *coram deo*,[94] een leven in het gaan van een weg in vertrouwen op God, weerspiegelen. Het verstaan van deze teksten vraagt om besef van de eigen aard van religieuze teksten en openheid voor de boodschap die zij uitdragen.

---

[93] *VW*, 162-66, 171-73.

[94] Vgl. voor het *coram deo*: *VW*, 28vv., 110, 169v.

Gereformeerde oecumene

In de vorige paragraaf hebben we gezien, dat Vroom een verband legt tussen enerzijds de verscheidenheid in verstaanshorizonten en anderzijds de pluriformiteit in het verstaan van (religieuze) teksten. De contextualiteit van verstaan veroorzaakt pluriformiteit in religieuze en culturele traditus. Deze gedachte neemt een belangrijke plaats in in zijn dissertatie *De Schrift alleen?* en doortrekt vanaf dat moment zijn gehele oeuvre. Zo schrijft hij, om slechts één voorbeeld te noemen, in een van zijn bijdragen in *Verhulde waarheid*:

> In de ene tijd verstaat men de Schriften anders dan in andere tijden omdat men een andere bril opheeft, in een andere horizont leeft en andere opvattingen heeft. Dit is een van de oorzaken van de pluraliteit die zo kenmerkend is voor religieuze tradities en cultuur in het algemeen.[1]

Omgaan met verscheidenheid in het algemeen en religieuze pluraliteit in het bijzonder is moeilijk. De ervaring leert dat in de plurale en multireligieuze culturen die zo kenmerkend zijn voor de huidige tijd gemakkelijk religieuze conflicten ontstaan. Daarbij spelen, zoals Vroom heeft laten zien in een bijdrage op een conferentie over "Religion, Conflict, and Reconciliation" — één van de vele conferenties die hij in de loop der jaren organiseerde — niet alleen theologische, maar ook culturele en sociologische factoren een rol. Aan het slot van zijn bijdrage concludeert hij namelijk:

> The main source of tension will not be a claim to unique truth but the way of salvation which entails a need to realize a particular way of life, even if this conflicts with other groups in society. When religious groups stress their identity, conflicts may arise, since their identities have to be established in dialogue and confrontation with people of other traditions or those who simply do not believe the teaching of any tradition.[2]

---

[1] *VW*, 120. Vgl. bijvoorbeeld ook: "On being 'Reformed'", 153.

[2] H.M. Vroom, "The Nature and Origins of Religious Conflicts: Some Philosophical Considerations", in: Jerald D. Gort, Henry Jansen and Hendrik M. Vroom (eds.), *Religion, Conflict and Reconciliation: Multi-*

Voor het bewaren van de vrede is dialoog geboden. Dialoog kan, op voorwaarde dat de gesprekspartners voldoende openheid aan de dag leggen, leiden tot wederzijds begrip. Men kan leren van de ander, bijvoorbeeld door de eigen tekortkomingen en blinde vlekken te leren zien. Dialoog kan men tussen vele verschillende stromingen en op vele niveaus voeren. Men kan bijvoorbeeld het gesprek aangaan tussen verschillende levensbeschouwelijke overtuigingen of religies (interreligieuze dialoog) en tussen verschillende stromingen binnen één godsdienst (intrareligieuze of interconfessionele dialoog). Men kan het gesprek wereldwijd voeren, maar ook landelijk of plaatselijk.

Vanaf het begin van zijn loopbaan heeft Vroom de dialoog altijd hoog in het vaandel gevoerd. Zo voegt hij zich in de traditie van zijn leermeesters Berkouwer en Meuleman, die de importantie van dialoog ook scherp hebben ingezien. Kenmerkend voor Berkouwers latere werk is namelijk een luisterende houding, waarmee wordt gepoogd de diepste intenties van anderen te peilen. Aan die houding had hij de uitnodiging te danken om als waarnemer het Tweede Vaticaans Concilie (1962-1965) bij te wonen. Meuleman beschouwde de gehele theologie als dialogisch, "ook al wordt deze dialoog niet in alle vakken expliciet aan de orde gesteld".[3]

Vroom heeft vele bijdragen op het gebied van de dialoog geleverd. Deze zijn zowel gelegen op het niveau van de interreligieuze dialoog als op dat van de interconfessionele dialoog. Op de interreligieuze dialoog kom ik in de volgende paragraaf terug. Deze paragraaf is gewijd aan zijn bijdragen aan de interconfessionele dialoog. Deze zijn in het bijzonder gelegen op het gebied van de *gereformeerde oecumene*: de dialoog tussen verschillende gereformeerde/presbyteriaanse stromingen. Men kan daarbij onderscheiden tussen het daadwerkelijk voeren van dialoog en het leveren van schriftelijke bijdragen. Ik begin met het eerste: het daadwerkelijk voeren van de dialoog.

Voor het internationale gesprek tussen gereformeerden van over de hele wereld bestaan thans twee instituten: de World Alliance

---

faith Ideals and Realities, Amsterdam/New York: Rodopi, 2002, 33.

[3]"Vooronderstelt theologie geloof?", 137.

of Reformed Churches (WARC) en de Reformed Ecumenical Council (REC).

De ontstaansgeschiedenis van de WARC gaat terug naar het jaar 1875, wanneer 21 Presbyteriaanse kerken uit Europa en Noord Amerika besluiten tot de oprichting van "The Alliance of the Reformed Churches throughout the World holding the Presbyterian System". Enkele jaren later, in 1891, volgt in London de oprichting van de International Congregational Council, die congregationalische kerken een platform biedt om met elkaar in gesprek te gaan teneinde zich te realiseren dat men deel uitmaakt van een wereldwijde gemeenschap. Beide organisaties bestaan lange tijd naast elkaar, maar besluiten op een gezamenlijke bijeenkomst te Nairobi in 1970 te fuseren onder de naam World Alliance of Reformed Churches. Sindsdien is er ongeveer iedere zeven jaar een assemblee gehouden: St. Andrews (1977), Ottawa (1982), Seoul (1989), Debrecen (1997) en Accra (2004). Van groot belang is het besluit van de Assemblee van Ottawa in 1982 dat apartheid in Zuid-Afrika moet worden beschouwd als zonde en dat de theologische rechtvaardiging van apartheid een ketterij is.[4] In haar laatste Assemblee in Accra lag de nadruk op economische rechtvaardigheid.[5]

De geschiedenis van de REC begint in 1946. In dat jaar komen drie kerken uit Nederland, Noord Amerika en Zuid Afrika (de GKN en twee via emigratie daaruit ontstane kerkgenootschappen) in Grand Rapids samen voor de eerste Reformed Ecumenical Synod (RES). Men zoekt naar eenheid op basis van de gemeenschappelijke gereformeerde confessies. In 1949 vindt in Amsterdam de eerste "full Reformed Ecumenical Synod" plaats met deelname van 22 presbyteriaanse en gereformeerde denominaties. Sindsdien vindt ongeveer elke drie à vier jaar een assemblee plaats. Aanvankelijk groeit het aantal participerende kerken tot 38 (in 1980). Wanneer in 1980 voor het eerst wordt gediscussieerd over homoseksualiteit gaan de meningen sterk uiteen lopen en komt men tegenover elkaar te staan. In 1988 besluit de RES "in an effort to change the ethos without changing the foundation" haar naam te veranderen in Reformed Ecumenical Council (REC). De

---

[4] Vgl."Contextualiteit en criteria voor goed christelijk geloof", 35.

[5] Zie voor meer informatie de website: www.warc.ch.

spanningen blijven echter toenemen. De GKN moeten zich meer dan tien jaar lang verdedigen vanwege hun schriftbeschouwing (tot uitdrukking komend in het eerder reeds genoemde synoderapport *God met ons*), hun visie op de openstelling van kerkelijke ambten voor vrouwen en hun visie op homoseksualiteit. Op de Assemblee van 1992 komen de spanningen tot een hoogtepunt wanneer het voorstel wordt gedaan de GKN als lid te royeren. Dit voorstel wordt echter na heftige debatten verworpen. Een aantal kerken besluit daarop het lidmaatschap van de REC op te zeggen. Op de assemblee van 1994 blijkt het aantal lidkerken te zijn geslonken tot 26. Vanaf dat moment verandert de agenda van de REC. Het woord "fellowship" wordt een kernwoord in de verhouding tussen de verschillende kerken. Confessionele eenheid blijft belangrijk, maar daarnaast wordt de nadruk gelegd op wederkerige hulp. Ook is er een groeiend besef van het interculturele karakter van de onderlinge dialoog.[6]

Door de jaren heen is Vroom vele keren door de GKN (en sinds 2004 door de PKN) afgevaardigd naar bijeenkomsten van zowel de WARC als de REC. Omdat hij sinds zijn dissertatie geldt als specialist op het gebied van de hermeneutiek, heeft hij belangrijke bijdragen kunnen leveren aan de discussies, die sinds 1980 tot zoveel spanningen binnen de REC hebben geleid. Ik ben voor deze schets van de hoofdlijnen van Vrooms theologie niet nagegaan of en zo ja waar zijn hand in rapporten van de REC te herkennen valt. In de discussies over het schriftgezag, het schriftberoep, homoseksualiteit en de vrouw in het ambt[7] is het echter duidelijk dat hij con amore de besluiten van de generale synode van de GKN op het internationale platform van de REC heeft uitgedragen en verdedigd.

Illustratief hiervoor is een passage over de besluiten in zake homoseksualiteit in het eerder reeds genoemde artikel over het spreken over God als vader. Vroom schrijft[8] dat aan deze besluiten een lange weg is voorafgegaan. Sinds 1969 is door de ge-

---

[6] Zie voor meer informatie de website: www.recweb.org.

[7] Vgl. over veranderingen in het schriftberoep t.a.v. de gelijkheid van mannen en vrouwen: *RZC*, 78-81.

[8] *VW*, 109-11.

nerale synode van de GKN aan verscheidene commissies gevraagd een visie te vormen over de vragen rond homoseksualiteit. Geen van deze commissies slaagt er echter in overeenstemming te bereiken. Vervolgens wordt een commissie samengesteld uit leden van de generale synode zelf. Deze commissie slaagt er wel in tot een advies te komen en biedt dit advies in 1979 aan in de vorm van een rapport aan de synode. Dit rapport concludeert dat een homoseksuele geaardheid niet mag worden veroordeeld en dat de beslissing over de leefwijze "in liefde en trouw" aan homoseksuele partners zelf moet worden overgelaten. Het rapport wordt door de synode aanvaard. Daarop krijgt een nieuwe commissie de opdracht het schriftberoep inzake homoseksualiteit te doordenken. Deze commissie, waar Vroom zelf deel van uitmaakte,[9] schrijft een rapport waarin de relevante schriftplaatsen worden geplaatst binnen hun bijbelse, historische en culturele context. Belangrijk is de vaststelling, dat homoseksuele aanleg in de bijbelse geschriften onbekend is. Grote nadruk legt het rapport voorts op "het centrum" van het evangelie en op het gebod God en de naaste lief te hebben. Van daaruit kan men "bidden[d] om de leiding van de Heilige Geest" — de Heilige Geest leidt de kerk in de waarheid, schreef Vroom in zijn proefschrift! — "nieuwe vraagstukken benaderen die onvermijdelijk volgen als de geschiedenis voortgaat". Omdat de liefde het hart vormt van de christelijke ethiek, behoort deze liefde het hele leven met al haar gedragsuitingen te doortrekken. Was eerder in de GKN de zogeheten scheppingsorde met "de 'natuurlijke' evidentie van de man-vrouw-relatie" bepalend voor het denken over homoseksualiteit, dat verschuift nu naar wat Vroom een "relationele" benadering noemt. Hij doelt daarmee niet alleen op een relationele benadering tussen God en mens — "God in zich en op zichzelf staat minder op de voorgrond dan God in relatie tot de mens" — maar ook op de relatie tussen mensen onderling. Kernwoorden zijn dan: vertrouwen, trouw, liefde en rechtvaardigheid. Omdat deze gewijzigde opvatting door Vroom in zijn artikel over het spreken over God als vader wordt gepresenteerd als een voorbeeld voor

---

[9] *Rapport over gebruik van Schriftgegevens bij vragen rondom homofilie*, van deputaten Kerk en Theologie aan de Generale Synode van de Gereformeerde Kerken in Nederland van Bentheim, 1981, z.p., september 1982, 4.

de aanvaardbaarheid van veranderingen in religieuze tradities, heeft zij zonder twijfel ook ten grondslag gelegen aan zijn verdediging van de visie van de GKN op homoseksualiteit in bijeenkomsten van de REC.

Illustratief voor wat hier aan de orde is, is ook een discussie met de uit de NHK (en binnen de NHK de stroming van de Gereformeerde Bond) afkomstige theoloog C. Graafland over ontwikkelingen binnen de gereformeerde schriftbeschouwing. Vroom verdedigt in deze discussie de aanvaardbaarheid van veranderingen in wat hij noemt het "interpretatieschema" — "het geheel van opvattingen, gewoonten en regels die de gelovigen helpen de Schrift actualiserend te lezen en toe te passen".[10] In dat verband refereert hij aan het door de REC uitgegeven *Report on Hermeneutics and Ethics* (1990). Dit rapport is door de lidkerken van de REC besproken. Hun commentaren zijn vervolgens ingebracht op de turbulente Assemblee van 1992. Sommige commentaren hebben geleid tot amendementen. Vroom citeert een noot die aan de tekst is toegevoegd:

> The emphasis should be placed on *basic* and *central* biblical teaching, not only *clear* teaching, since not all *clear* teaching is of an abiding nature, e.g. Acts 15:20,21 — the prohibition to eat blood as given in the Mosaic law was clearly a directive received by the Council of Jerusalem as a clear directive for the emerging culturally mixed Christian congregations throughout the world in the apostolic era, because "life is in the blood". Yet no Reformed Christian obeys this important but culturally conditioned application of the Old Testament today.[11]

Wie dit amendement heeft ingediend weet ik niet, maar de daarin vervatte gedachtegang is geheel in overeenstemming met Vrooms hermeneutische visie.

---

[10] "De gelezen Schrift als principium theologiae", 104; vgl. *Pb*, 144. Een voorbeeld van een christelijk interpretatieschema schreef Vroom zelf met zijn *Zijn tent onder de mensen: het begin van het basisverhaal*, Baarn: Gereformeerde vrouwenbond z.j. [1981].

[11] Geciteerd naar: H.M. Vroom, "De veranderde lezing van de bijbel", in: *Gereformeerd Theologisch Tijdschrift* 93/2 (mei 1993), 93-94.

Als hermeneutisch georiënteerd theoloog heeft Vroom dus namens de GKN bijgedragen aan de meningsvorming van de REC en de WARC. Behalve daadwerkelijke deelname aan de internationale gereformeerde dialoog heeft hij ook over oecumene geschreven.

De belangrijkste bijdrage is het samen met Christine Lienemann-Perrin en Michael Weinrich uitgegeven boek *Reformed and Ecumenical: On Beining Reformed in Ecumenical Encounters* (2000).[12] Het boek bevat artikelen geschreven door theologen die samen een Theological Subcommittee vormden van de European Area Committee of the WARC. In alle bijdragen gaat het om de vraag "of what can justifiably be defended as a Reformed position".[13]

Vrooms bijdrage aan *Reformed and Ecumenical* is gewijd aan de basale vraag wat eigenlijk "gereformeerd" is. Wat is kenmerkend voor een gereformeerde identiteit en waarin verschilt deze van andere christelijke tradities?[14] Het betoog is verdeeld in vier stappen. In de eerste plaats stelt hij vast, dat de vraag naar gereformeerde identiteit een "second order question" is.[15] Gereformeerden staan voor een bepaalde manier van interpretatie van het evangelie. Aan de vraag naar wat gereformeerd is, gaat daarom de vraag naar christelijke identiteit vooraf: "What are we called to be as Christians?"[16] De vraag naar gereformeerde identiteit is daarom een vraag naar het specifieke van "het" gereformeerde verstaan van het evangelie in onderscheid van andere christelijke tradities. Vervolgens bepaalt Vroom—de tweede stap in zijn betoog—wat het karakter is van tradities. Enerzijds is een traditie een manier van leven, met eigen inzichten, gewoonten, voorkeuren en regels,[17] *coram deo*.[18] Opnieuw doet dit denken aan

---

[12] Zie voor de bibliografische gegevens boven pag. 7, noot 4.

[13] *Reformed and Ecumenical*, viii.

[14] "On Being 'Reformed'", 153.

[15] "On Being 'Reformed'", 153-57.

[16] "On Being 'Reformed'", 155.

[17] "On Being 'Reformed'", 158.

[18] "On Being 'Reformed'", 163, 166.

één van de kenmerken van zijn visie op geloven in zijn vroege werk, namelijk geloven als het gaan van een weg. Anderzijds kan men traditie ook zien als iets wat wordt overgedragen aan volgende generaties.[19] Tradities zijn echter niet statisch, maar dynamisch en aan verandering onderhevig.[20] Kenmerkend voor Vrooms benadering is voorts, dat hij tradities ook beschouwt vanuit godsdienstwijsgerig perspectief. Hij verbindt ze namelijk met wat hij "basisinzichten" ("basic insights") noemt.[21] Op deze basisinzichten kom ik straks terug bij de derde hoofdlijn van Vrooms denken (we stuiten hier op een fraai voorbeeld hoe hoofdlijnen in Vrooms werk met elkaar interfereren!). Nu volsta ik met de vaststelling, dat tradities volgens Vroom zijn gebouwd op zulke basisinzichten. Ze vormen de grond voor de duiding van onze ervaring van God, de wereld en onszelf en worden overgedragen door middel van verhalen, rituelen en onderwijs.[22] De omgang met deze basisinzichten—de derde stap in het betoog—verklaart volgens Vroom het onderscheid tussen de verschillende christelijke tradities: "Within Christianity the various Christian traditions rest for the most part on the same basic ideas but give them different weight".[23] Wat in de ene christelijke traditie in het centrum staat, kan in een andere christelijke traditie meer perifeer zijn. Op grond daarvan betoogt Vroom, dat verschillen tussen christelijke tradities niet, zoals vaak wordt gedacht, primair moeten worden gezocht op het gebied van leer en confessie. De verschillen liggen op een dieper niveau. Hij illustreert dit aan de hand van een vergelijking van kenmerkende karakteristieken van de lutherse en de gereformeerde traditie.[24] Daaruit blijkt dat er aanzienlijke over

---

[19]"On Being 'Reformed'", 158.

[20]"On Being 'Reformed'", 162.

[21]"On Being 'Reformed'", 159vv.

[22]"On Being 'Reformed'", 161.

[23]"On Being 'Reformed'", 162.

[24] Op basis van een luthers geschrift noteert Vroom als kenmerkende punten voor de lutherse traditie: "1) God's condescendence as the only means to salvation, 2) justification as a summary of the Gospel, 3) the difference between law and Gospel, 4) proclamation of the Gospel and

eenkomsten tussen beide tradities kunnen worden genoteerd. Tegelijkertijd zijn er verschillen in accent en prioriteit. Deze leiden tot verschillende configuraties van hetzelfde geloof. Dit voert Vroom tot de conclusie:

> If we accept that all our formulations are secondary compared to true insights which they are meant to communicate, and that our insights will also not be the full truth, we have to engage continuously in a renewed study of Scripture and dialogue with each other in order to tell and explain, to criticize and to be criticized, to learn and to grow into the truth.[25]

Omdat iedere traditie het geloof vanuit zijn eigen context onder woorden brengt, pleit Vroom — specialist als hij is in de hermeneutische theologie (en als zoals straks zal blijken: de religieuze hermeneutiek in het algemeen) — in de laatste stap van zijn betoog voor de noodzaak van hermeneutische studie en hermeneutisch bewustzijn in de meest brede betekenis van het woord:

> the reading and application of Scripture in differing contexts, the identity of Christian belief in different contexts, the renewal of the church in new circumstances (*ecclesia reformata est semper reformanda*), and the distinction between an easy adaptation of the Gospel to culture and obedient, timely proclamation of the Gospel.[26]

Zowel in woord als geschrift heeft Vroom zich dus bewogen op het gebied van de (gereformeerde) oecumene. Het valt op dat de hermeneutiek daarbij een cruciale rol speelt. Hoezeer hij zelf

---

sacraments, 5) all baptized believers are priests, 6) the world as God's good creation, 7) Christian responsibility in the world, 8) Scripture as norm (with a distinction between Gospel ans Scripture) and 9) accentuation of the importance of theological studies in relation to the truth of the Gospel". Op basis van een gereformeerd geschrift noteert Vroom als kenmerkende punten voor de gereformeerde traditie: "1) one Scripture, 2) the differences between God and humankind [...], 3) covenant of grace, 4) the distinction between law and Gospel, 5) God's Holy Spirit, 6) the witnessing community, 7) Christian freedom, 8) political and social responsibility, 9) strangers and pilgrims" ("On Being 'Reformed'", 164).

[25]"On Being 'Reformed'", 165.

[26]"On Being 'Reformed'", 165.

warm liep en loopt voor de (gereformeerde) dialoog hebben ook zijn studenten ervaren. Ik herinner mij dat Vroom na het bijwonen van een assemblee graag en met enthousiasme vertelde over de gevoerde gesprekken. Zo probeerde hij ook zijn studenten te enthousiasmeren voor de zaak van de oecumene.

Theologie der godsdiensten

Ik vouw de waaier van Vrooms werk nog een stap verder open en kom uit bij de derde hoofdlijn in zijn werk: de theologie der godsdiensten. Vergeleken met de twee vorige lijnen betekent dit een verdere verbreding van het perspectief van Vrooms theologie.

Binnen de GKN is voor de theologie der godsdiensten lange tijd weinig ruimte geweest.[1] Abraham Kuyper creëerde met zijn nadruk op de "antithese" vooral scheidslijnen. Kenmerkend voor zijn epistemologie is het onderscheid tussen geloof (*pistis*) en ongeloof (*apistia*).[2] Op grond daarvan moet, zoals Kuyper schrijft, de theologie "het absoluut karakter der geopenbaarde waarheid handhaven, mag ze wat hier op religieus terrein tegenover staat niet anders dan als *pseudo*-religie beschouwen, en behoort als gevolg hiervan de aard van de studie, die ze aan dit onderwerp wijdt, *antithetisch* te zijn".[3] Wel moet men hieraan toevoegen dat Kuyper met zijn visie op de algemene genade ook trachtte bruggen te bouwen en erkent hij dat jodendom, christendom en islam in de persoon van Abraham een "historisch vereenigingspunt" hebben.[4] De betekenis van de algemene genade is wat betreft het

---

[1] Vgl. H.M. Vroom, "Van antithese naar ontmoeting", in: *Gereformeerd Theologisch Tijdschrift* 91/3 (september 1991, 122-137; "From Antithesis to Encounter and Dialogue: Changes in Reformational Epistemology", in: Ronald A. Kuipers and Janet Catherina Wesselius (eds.), *Philosophy as Responsibility: A Celebration of Hendrik Hart's Contribution to the Discipline*, Lanham/New York/Oxford: University Press of America, 2002, 27-41; *Pb*, 125v.

[2] Zie daarvoor: A. Kuyper, *Encyclopaedie der Heilige Godgeleerdheid, Tweede deel: Algemeen deel*, Kampen: Kok, 1909².

[3] A. Kuyper, *Encyclopaedie der Heilige Godgeleerdheid, Derde deel: Bijzonder deel*, Kampen: Kok, 1909², 450 (cursivering door Kuyper).

[4] A. Kuyper, *Om de oude wereldzee, deel 1*, Amsterdam: Van Holkema & Warendorf, z.j.³, 16-17: "In haar oorsprong zijn de Joodsche en de Christelijke religiën één. Maar evenmin is het voor betwisting vatbaar, dat de Islâm zich hierbij aansluit. Synagoge, Kerk en Moskee vinden in Abraham en Mozes haar historisch vereenigingspunt […] Toen te Tiberias, aan het meer van Gennesareth, de Opperrabbijn mij, onder veel

naast elkaar bestaan van verschillende godsdiensten bij Kuyper echter relatief. De nadruk valt op de antithese. Vergeleken met Kuyper liggen bij Bavinck de accenten anders. De sterke nadruk op de antithese komt in zijn werk niet voor. Bovendien grijpt hij de leer van de algemene genade aan om waarheidselementen in niet-christelijke religies te kunnen erkennen.[5] Uitgaand van Calvijns *semen religionis* schrijft hij:

> [...] de godsdienststichters, waren geen bedriegers en geen werktuigen van Satan, maar mannen die, religieus aangelegd, voor hun tijd en voor hun volk een roeping hadden te vervullen, en op het leven der volken dikwerf een gunstigen invloed hebben uitgeoefend. De verschillende godsdiensten, met hoeveel dwaling ook vermengd, hebben tot op zekere hoogte de religieuze behoeften bevredigd en troost in de smart van het leven geschonken. Niet alleen kreten van wanhoop, maar ook tonen van vertrouwen, hoop, berusting, vrede, onderwerping, lijdzaamheid enz. komen ons uit de heidenwereld tegen.[6]

Daarom staat het Christendom volgens Bavinck niet uitsluitend antithetisch tegenover niet-christelijke godsdienst.[7] De algemene openbaring is "een vasten bodem, waarop hij [de christen] alle niet-Christenen ontmoeten kan".[8] Dat neemt echter niet weg, dat

---

dankbetuiging kwam begroeten met het oog op de vrije positie der Joden in Nederland, en de Mufti, in den tegenwoordigheid van den Grieksch-orthodoxen Caimacâm, mij de hand kuste, heb ik krachtiger dan ooit die slapende eenheid van het Monotheïsme in zijn drievoudigen openbaringsvorm gevoeld". Vgl. voor de visie van Kuyper en Bavinck op de Islam: Anton Wessels, "Bavinck en de Islam", in: George Harinck en Gerrit Neven (red.), *Ontmoetingen met Herman Bavinck*, Barneveld: De Vuurbaak, 2006, 63-85. Zie voor Kuypers visie op de niet-christelijke godsdiensten ook: D.C. Mulder, "Van elenctiek naar godsdienstwetenschap", in: *In rapport met de tijd: 100 jaar theologie aan de Vrije Universiteit*, Kampen: Kok, 1980, 182-97.

[5] H. Bavinck, *Gereformeerde Dogmatiek, Deel 1: Prolegomena*, Kampen: Kok, 1928^4, 290.

[6] Bavinck, *Gereformeerde Dogmatiek, Deel 1*, 291.

[7] Bavinck, *Gereformeerde Dogmatiek, Deel 1*, 291.

[8] Bavinck, *Gereformeerde Dogmatiek, Deel 1*, 293.

voor Bavinck alle niet-christelijke religies dwaalwegen zijn. Iedere religie anders dan het Christendom is "afval van de zuivere kennisse Gods".[9] Vanuit dat oordeel bezien, is ook bij Bavinck weinig ruimte voor de theologie der godsdiensten.

Dat blijft zo in de eerste decennia na Kuyper en Bavinck. Pas in de jaren vijftig en zestig ontstaat er in de GKN voorzichtig openheid voor andersdenkenden. Dat begint uiteraard bij openheid voor andere christelijke tradities. Eerder verwees ik al naar Berkouwers luisterende stijl van theologiseren, waarbij meer wordt gezocht naar datgene wat verbindt dan naar datgene wat scheidt. Bij anderen in de GKN kan ook een groeiende interesse in en openheid voor niet-christelijke religies worden waargenomen. Illustratief hiervoor is de weg van Johan H. Bavinck (1895-1964), die onder meer lange tijd aan de VU was verbonden als hoogleraar zendingswetenschap.[10] In 1949 schrijft hij vooral in de geest van zijn oom Herman Bavinck over Gods algemene openbaring. Deze is "zó reëel, zó concreet, zó onontkoombaar, zó dringend, dat geen mens eraan ontkomen kan". Dit brengt ieder mens naar zijn mening tot een worsteling met God, waarin het menselijk hart weerstand biedt. Deze worsteling leidt tot het "religieus besef", dat ieder mens van den beginne eigen is. Dat religieus besef is dus niet als een uit de mens zelf voortvloeiende acte te beschouwen, [...] maar is alleen als antwoord, als reactie op de "spraakloze spraak" van Gods zelf-manifestatie te verstaan". Het religieus besef komt tot uitdrukking als — met een uitdrukking van Calvijn — *fabrica idolorum*. Het religieus besef is "de moeder van alle religies, de stam waaruit alle religies ontsproten zijn.[11]

In later werk pleit Johan H. Bavinck voor dialoog. Weliswaar houdt hij vast aan de visie op de mens als *fabrica idolorum*. Dat weerhoudt hem er niet van te schrijven:

---

[9] Bavinck, *Gereformeerde Dogmatiek*, Deel 1, 286.

[10] Zie over hem: P.J. Visser, *Bemoeienis en getuigenis: Het leven en de missionaire theologie van Johan H. Bavinck (1895-1964)*, Zoetermeer: Boekencentrum 1999².

[11] J.H. Bavinck, *Religieus besef en christelijk geloof*, Kampen: Kok, 1949, 187v.

God concerns Himself with every man. Buddha would never have mediated on the way of salvation if God had not touched him. Mohammed would never have uttered his prophetic witness if God had not concerned Himself with him. Every religion contains, somehow, the silent work of God.[12]

Vroom zal later graag naar deze gedachte verwijzen.[13] Op grond daarvan is dialoog geboden. Naast Johan H. Bavinck kunnen hier ook andere namen worden genoemd. Ook Johannes Verkuyl (1908-2001)[14] en Dick C. Mulder (geb. 1919),[15] die beiden ook als respectievelijk hoogleraar missiologie en hoogleraar godsdienstwetenschap aan de VU verbonden zijn geweest, hebben staande binnen het christelijk geloof gepleit voor dialoog met de niet-christelijke godsdiensten. Ten slotte noem ik hier de namen van Jerald D. Gort (geb. 1938) en Anton Wessels (geb. 1937), die als directe collega's van Vroom zich hebben gespecialiseerd in respectievelijke de christelijke oecumene en de islamologie.

Komend vanuit deze traditie heeft Vroom vele bijdragen geleverd op het gebied van de theologie der godsdiensten. Evenals het geval is met de andere hoofdlijnen van zijn theologie, moet ik ook hier volstaan met het signaleren van enkele sleutelpublicaties.

Eerder signaleerde ik al, dat Vroom in zijn boek *Waarom geloven?* (1985) verscheidene keren schrijft over niet-christelijke godsdiensten. Daaruit kon reeds zijn interesse voor interreligieuze vraagstukken worden opgemaakt. Drie jaar later (1988) — het boek is nog geschreven in de tijd dat hij zijn wetenschappelijk werk

---

[12] J.H. Bavinck, *The Church between Temple and Mosque: A Study of the Relationship between the Christian Faith and other Religions*, Grand Rapids: Eerdmans, z.j. [1966], 200.

[13] *GG*, 126v.; *Pb*, 128.

[14] Verkuyl publiceerde bijvoorbeeld: *Zijn alle godsdiensten gelijk?*, Kampen: Kok 1953, geheel herziene drukken in 1964, 1981 en 1984; *Met moslims in gesprek over het evangelie*, Kampen: Kok 1985.

[15] Mulder publiceerde bijvoorbeeld: *Ontmoeting van gelovigen: Over de dialoog tussen aanhangers van verschillende religies*, Baarn: Bosch & Keuning, 1977. Ook was hij van 1973-1991 lid — en van 1975-1984 voorzitter — van de Sub-unit for Dialogue with People of living Faiths and Ideologies van de Wereldraad van Kerken.

combineert met het predikantschap—komt deze interesse expliciet tot uiting in een boek onder de titel *Religies en de waarheid*, waarvan korte tijd later ook een Engelse vertaling verschijnt: *Religions and the Truth: Philosophical Reflections and Perspectives*.[16] Het is een godsdienstwijsgerige studie naar het waarheidsbegrip in de vijf grote wereldgodsdiensten: hindoeïsme, boeddhisme, jodendom, christendom en islam.

Het boek valt in drie delen uiteen. Het eerste deel is inleidend van aard. De vraagstelling wordt geformuleerd, het belang van de thematiek wordt beschreven en het debat over religieuze waarheid in de westerse wijsbegeerte wordt in kaart gebracht. In de personen van denkers als Derek Z. Phillips, Vincent Brümmer, Harry M. Kuitert, Wolfhart C. Pannenberg, William A. Christian, Wilfred C. Smith en John Hick is een veld van onderzoek met een veelvoud aan stemmen aangeduid, waarop Vroom zijn eigen stem ook tot klinken wil brengen. In het tweede deel van het boek beschrijft hij de concepten van waarheid in de vijf wereldgodsdiensten. Methodologisch leunt hij hier op vergelijkende godsdienstwetenschap.[17] Zijn eerder in *De Schrift alleen?* ontwikkelde visie op de algemene wijsgerige hermeneutiek is een basisvoorwaarde voor het onderzoek.[18] Opvallend is voorts, dat hij opnieuw kiest voor een beschrijving aan de hand van een vooraf bepaald schema. De beschrijving is namelijk telkens op dezelfde

---

[16] H.M. Vroom, *Religies en de waarheid*, Kampen: Kok, 1988 (verder afgekort als *RW*); *Religions and the Truth: Philosophical Reflections and Perspectives*, Grand Rapids: Eerdmans/Amsterdam: Rodopi, 1989 (verder afgekort als *RT*).

[17] *RW*, 19v. (*RT*, 23-25).

[18] *RW*, 24 (*RT*, 29): "[…] kan men de beliefs van andere religies begrijpen? […] Ten eerste, het begrijpen van andere personen en van geschriften is steeds een ten dele begrijpen. Men begrijpt vanuit en binnen de verstaanshorizont waarin men staat en leeft; deze 'horizont' is geen vast gegeven, maar is in beweging. Ten tweede, men begrijpt vanuit een betrokkenheid op de zaak waarnaar de tekst (of het gesprokene of het beeld) verwijst. In religie gaat het om wat mensen uiteindelijk heil of verlossing brengt, om het statuut van de werkelijkheid en van de mens, en om de aard van het transcendente (hoe ook opgevat). Vanuit deze betrokkenheid kan men iets begrijpen van wat andere mensen in hun religie beweegt en wat zij ervaren hebben".

wijze opgebouwd.[19] In het analytische derde deel ten slotte maakt hij de balans op en ontwikkelt hij een theorie over religies en de waarheid. Ik beperk mij nu tot enkele belangrijke kenmerken van deze theorie.

Om te beginnen stelt Vroom vast, dat het spreken over waarheid in religieuze tradities meerzinnig is. Op basis van het beschreven materiaal onderscheidt hij vijf manieren waarop het begrip waarheid wordt gebruikt. Vier van de vijf verbindt hij met een bepaalde wijze van religieuze kennis:

1. *doctrina* (publiek weten): dit is "de voor ieder mens toegankelijke, min of meer publieke leer van een religieuze traditie".[20] Deze is in principe voor iedereen toegankelijk en is inleidend of inwijdend van karakter. Vroom spreekt daarom ook over "een leer voor beginners".[21] Het doel van zo'n initiële leer is het bewerken van een perspectiefverschuiving: de gelovige die wordt ingewijd gaat anders

---

[19] Deze opbouw ziet er als volgt uit: "1. Inleidende opmerkingen, met een korte aanduiding van de ontwikkelingen die plaats hebben gevonden [...]. 2. Een beschrijving van enkele centrale inzichten van de tradities. 3. Een beschrijving [aan de hand van representatieve denkers; DvK] van de bezinning op het waarheidsbegrip binnen de tradities. 4. Visies binnen de traditie op de veelheid van religieuze inzichten" (*RW*, 21; *RT*, 26).

[20] *RW*, 225 (*RT*, 301); *GG*, 121; "Anders leren zien", 33: "een inleiding of samenvatting van de leer"; "Contextualiteit en criteria voor goed christelijk geloof", 39: "de inleidende leer".

[21] *RW*, 226 (*RT*, 303). Binnen deze *doctrina* of "initiële leer" onderscheidt Vroom vijf onderdelen, namelijk uiteenzettingen over: 1. "de werkelijkheid zoals die door mensen gewoonlijk wordt beleefd" (of: "de leer van de gevallen wereld"); 2. "de werkelijkheid zoals die echt is of op adequater wijze kan worden beleefd" (of: "de leer van de echte wereld"); 3. "de redenen waarom er verschil is tussen de schijnbare en de reële werkelijkheid, danwel tussen de adequate en de inadequate beleving van de werkelijkheid (of "de leer van de barrières"); 4. "de wijze waarop men zich kan oefenen om de werkelijkheid te gaan zien zoals ze is" (of: "de beschrijving van het pad"); 5. "alternatieve werkelijkheidsvisies" (of: "de apologetiek") (*RW*, 226-28; *RT*, 303v.).

tegen de werkelijkheid aankijken en deze ook anders beleven.[22]

2. *veritates* (welbegrepen weten): dit betreft "de waarheden, die men niet alleen van horen zeggen kent, maar waarbij men zich iets kan denken".[23] Vergeleken met de initiële leer verstaat men de waarheid op een dieper en meer omvattend niveau. De beoogde perspectiefverschuiving heeft plaatsgevonden: men kijkt op een andere wijze tegen de werkelijkheid aan. Belangrijk is dat dit andere perspectief niet op een eenduidige wijze onder woorden wordt gebracht. Dat impliceert met betrekking tot het waarheidsbegrip dat "a simple 'correspondence' of word and reality cannot be looked to for the truth of religious statements".[24]

3. *religio vera* (geleefd weten): dit betreft het leven overeenkomstig de regels van een religieuze traditie.[25] In dat verband onderscheidt Vroom vier aspecten aan een religie: beleven, handelen, kennen, samen doen.[26] Deze vier hangen altijd onlosmakelijk samen. Hoewel de nadruk in de ene religieuze traditie kan verschillen van die in een andere, speelt de beleving volgens Vroom altijd een rol. De beleving hangt nauw samen met de *veritates*, die hij hier aanduidt als "centrale geloofswaarheden" of als "grondovertuigingen".[27] Deze bieden de gelovige zekerheid, en dragen zijn beleving en zijn handelen. Hieruit verklaart Vroom—een inzicht dat reeds in zijn eerdergenoemde artikel "Vast en zeker" voorkomt—dat men bin-

---

[22] *RW*, 230 (*RT*, 307).

[23] *RW*, 225 (*RT*, 301), vgl. 271 (*RT*, 358): "ware leer duidt aan hoe de dingen werkelijk zijn"; "Anders leren zien", 33: "de doordachte leer"; "Contextualiteit en criteria voor goed christelijk geloof", 39: "de leer van de kerk en de theologie".

[24] *RW*, 230-233 (*RT*, 307-311).

[25] *RW*, 233vv. (*RT*, 311vv.); vgl. *GG*, 121;"Anders leren zien", 33: "de geïnternaliseerde leer"; "Contextualiteit en criteria voor goed christelijk geloof", 39: "de welbegrepen, toegeëigende leer".

[26] *RW*, 234, 272 (*RT*, 312, 358). Vgl. boven, pag. 8, noot 9.

[27] *RW*, 234 (*RT*, 313).

nen religies overeenstemming heeft over de hoofdzaken, terwijl men over perifere zaken van mening kan verschillen.[28] De *religio vera* veronderstelt een visie op geloven als het gaan van een weg.

4. *intellectus verus* (moment van inzicht): dit betreft wat Vroom noemt "momenten van hoogste inzicht" of "het ware religieuze inzicht".[29] Er bestaat uiteraard een nauw verband tussen deze — wat Vroom ook noemt — "beleving van de Waarheid" of "beleving van het Transcendente"[30] en de *religio vera*. Toch vallen beide naar zijn mening niet samen. De — nog weer een andere omschrijving — "specifiek religieuze beleving"[31] kan ook een eenmalige ervaring zijn. Het is een "ervaring van heil" (hoewel er tussen religies wel verschil bestaat in de aard van het heil) en een "ervaring van harmonie en eenheid". Deze wordt gewoonlijk gezien als "niet-discursief", soms beleefd als "non-duaal" en gaat gepaard met een sterk commitment. Hoewel niet iedere gelovige deze ervaring kent, is ze niet voorbehouden aan specialisten over geleerden. In geen enkele religie wordt het uiteindelijke heil volgens Vroom in één leven bereikt: "Men moet ernaar streven door een serie van onnoemelijk vele levens, of men ontvangt het in een gelukzalig hiernamaals".[32]

Vroom benadrukt dat deze onderscheiding een model is, dat niet meer beoogt dan het in kaart brengen van mogelijke manieren waarop in religieuze tradities over waarheid wordt gesproken.[33]

Het hart van Vrooms theorie, die op vele plaatsen in zijn oeuvre te vinden is of wordt verondersteld,[34] wordt gevormd

---

[28] *RW*, 235 (*RT*, 314).

[29] Respectievelijk *RW*, 238 en 225 (*RT*, 317 en 301).

[30] *RW*, 236 (*RT*, 314v.).

[31] *RW*, 236 (*RT*, 315).

[32] *RW*, 236-38 (*RT*, 314-17).

[33] *RW*, 240 (*RT*, 319).

[34] Zie bijvoorbeeld: *GG*, 66v., 121, 124; *WV*, 25vv., *passim* (*SW*, 10vv.,

door de gedachte dat er een onlosmakelijke samenhang bestaat tussen existentialen, basiservaringen, basisinzichten en religieuze tradities. Eerder signaleerde ik, dat hij in zijn boek *Waarom geloven?* schrijft over universele ervaringen die boven zichzelf uitwijzen naar het transcendente. In *Religies en de waarheid* werkt hij dit nader uit. Het menselijk bestaan wordt gekenmerkt door zogeheten existentialen: "vaste, algemene kenmerken van het menselijk bestaan".[35] Men kan daarbij bijvoorbeeld denken aan de noodzaak om in zijn levensonderhoud te voorzien, het aangewezen zijn op andere mensen, de idee van een bestemming, het verlangen naar vrede en gerechtigheid, het streven naar geluk, de gevoeligheid voor schoonheid, de verwondering over het goede, de aanwezigheid van het kwaad, de eindigheid van het menselijk bestaan, enz. Deze existentialen correleren met wat Vroom basiservaringen noemt. Dit zijn "ervaringen waarin de mogelijkheid van diepe, existentiële ervaringen, die in de existentiaal is besloten, actueel wordt".[36] Op basis van zijn vergelijkend onderzoek tussen de vijf wereldgodsdiensten concludeert Vroom, dat religies vooral aandacht hebben voor: 1) de eindigheid van het bestaan; 2) de menselijke verantwoordelijkheid en het menselijk falen; 3) de beleving van het goede, geluk, vrede, welvaart en zin; 4) het ontvangen van inzicht; en 5) het kwaad en het lijden.[37] Gedurende hun leven doen mensen hier ervaringen mee op. Vroom be-

---

passim);"Anders leren zien", 27-33; "Contextualiteit en criteria voor goed christelijk geloof", 45; "Brede en smalle gelijkheid: Gelijkheid—levensbeschouwing—plurale cultuur", in: Reender Kranenborg en Wessel Stoker (red.), *Religies en (on)gelijkheid in een plurale samenleving*, Leuven/Apeldoorn: Garant, 1995, 24-28; H.M. Vroom, "Waarden-vormend onderwijs": op wiens gezag?", in: Siebren Miedema en Henk Vroom [red.], *Alle onderwijs bijzonder: Levensbeschouwelijke waarden in het onderwijs*, Zoetermeer: Meinema, 2002, 148vv.; H.M. Vroom "Godsdienstige vorming en religieus pluralisme in het onderwijs", in: Siebren Miedema en Gerdien Bertram-Troost (red.), *Levensbeschouwelijk leren samenleven: Opvoeding, Identiteit & Ontmoeting*, Zoetermeer: Meinema, 2006, 196; RZC, 17vv., 65-71; *Pb*, 23vv., 128, 192v.

[35] *RW*, 260, vgl. 257 (*RT*, 344, vgl. 339v.).

[36] *RW*, 257 (*RT*, 340).

[37] *RW*, 248-56 (*RT*, 330-39); *WV*, 282 (*SW*, 300).

nadrukt dat het om concrete ervaringen gaat.[38] Maar in deze concrete ervaringen komt iets diepers en meeromvattends naar boven. Evenals in *Waarom geloven?* stelt hij "dat deze ervaringen over de grenzen van het 'gewone' menselijke bestaan heenwijzen in de richting van het transcendente".[39] Daarom gaat het om basiservaringen en zijn deze impressief.[40] Religieuze tradities helpen met de duiding van deze ervaringen door middel van wat Vroom basisinzichten noemt. Hij definieert deze als "een *inzicht* dat fundamenteel is voor een religieuze traditie, dat op fundamentele menselijke ervaringen berust, dat wordt verwoord en overgedragen in bepaalde *beliefs* (die soms aan historische gebeurtenissen of personen zijn gekoppeld) en dat wordt *gekoesterd* in de liturgie en de leefwijze die door een religie wordt aanbevolen".[41] Elke religieuze traditie bestaat niet uit één, maar uit meerdere basisinzichten. Daarom benadrukt Vroom, dat men religieuze tradities kan zien als configuraties van basisinzichten,[42] die hun uitwerking vinden in "multi-centered belief-systems".[43] Omdat een religie niet op één, maar op meerdere basisinzichten berust, zijn er al naar gelang waar men de nadruk op legt, variaties mogelijk. Omdat basisinzichten contextueel zijn bepaald, zijn zij ook veranderlijk. Daarom zijn de configuraties dynamisch van aard. Ze veranderen met het leven mee en bepalen hoe dat leven beleefd wordt. Verschillen tussen religies en religieuze stromingen kan men (in elk geval deels) daaruit verklaren dat verschillende basisinzichten de "hermeneutische sleutel" vormen voor het duiden van basiservaringen.[44]

---

[38] *RW*, 257 (*RT*, 340).

[39] *RW*, 257 (*RT*, 340), vgl. 258 (*RT*, 341): "In de ervaring kondigt zich het transcendente aan als hetgeen waarom het in het bestaan eigenlijk gaat, hetgeen zin, vrede en rust verschaft, en aldus beantwoordt aan de aanleg en het diepste streven van mensen".

[40] *RW*, 257 (*RT*, 340).

[41] *RW*, 246 (cursivering door Vroom), vgl. 261 (*RT*, 327, vgl. 345v.).

[42] *RW*, 259, 292 (*RT*, 342, 383).

[43] *RW*, 241, 260, 268, 286, 291 (*RT*, 321, 344, 353, 377, 382).

[44] *RW*, 269, 292 (*RT*, 354, 383).

Religieuze tradities bieden dus in de vorm van basisinzichten interpretatieschema's om mensen te helpen basiservaringen te duiden. Op grond hiervan kan men Vrooms denken op het gebied van de theologie der godsdiensten, net als zijn eerder besproken werk, als door en door hermeneutisch karakteriseren. Basisinzichten gaan terug op existentialen. Uit het feit dat deze existentialen universeel zijn, laat zich verklaren dat er overeenkomsten zijn tussen religies en dat binnen religies dezelfde existentiële vragen centraal staan.[45] In het spoor van Mulder en Brümmer schrijft Vroom daarom dat religieuze tradities "op dezelfde existentiële vragen ingaan".[46] Een goed voorbeeld van zo'n vraag is die naar de eindigheid van het menselijk bestaan. In zijn inaugurele oratie *Religie als duiding van de dood* kan Vroom daarom aan de hand van gebeden bij het sterven laten zien hoe verschillende religies door middel van basisinzichten helpen bij de duiding van de dood.[47] De dood is zo — met een theologisch zwaarbeladen term — een "aanknopingspunt" voor religie.[48]

Omdat in religies veelal dezelfde existentiële vragen centraal staan, komen in veel religies ook in de geloofsdoordenking of geloofsleer dezelfde vragen en thema's aan de orde. Hoewel er verschillen kunnen worden genoteerd in zake de plaats en de waarde van geloofsleer in religieuze tradities[49] en elke religie zijn eigen "particularia" heeft, zijn er "gemeenschappelijke *loci*".[50] De ant-

---

[45] *RW*, 249 (*RT*, 330); vgl. *GG*, 124v.

[46] *RW*, 249, 267, 273 (*RT*, 330, 352, 359v.).

[47] Bibliografische gegevens in noot 4.

[48] *Religie als duiding van de dood*, 30vv.; vgl. *RW*, 258 (*RT*, 341).

[49] *RW*, 263-66 (*RT*, 348-51); vgl. 267 (*RT*, 352): "er bestaat een incongruentie tussen de religies inzake plaats en waarde van de leer."

[50] Vroom noteert er zes: "a) Wat is de aard van het transcendente? b) Welke oorzaken of bedoelingen liggen er aan de wereld ten grondslag en welke wetmatigheid regeert de wereld? c) Wie is de mens: bestemming, ontsporing, vrijheid, verantwoording, enz.? d) Wat geeft het leven zin?, in welke relatie staat de mens tot het transcendente?, 'hoe vind ik heil?' e) Hoe kan men handelen in overeenstemming met de aard van de werkelijkheid?, en eventueel: hoe kan men (de wil van) het transcedente leren kennen? f) Wat is de toekomst van mens en wereld?" (*RW*, 267; *RT*,

woorden op de kernvragen kunnen niet alleen tussen religies onderling verschillen, maar ook tussen stromingen binnen één religie: "het hangt [...] van de configuratie van de basisinzichten van een traditie af, welke vragen een levensbeschouwelijke traditie het belangrijkste acht".[51]

Welke gevolgen heeft dit alles voor de vraag naar de waarheid van de leer? Vergelijking tussen een reeks in de inleiding van zijn studie bepaalde elementen in het waarheidsbegrip[52] en de wijze waarop in de vijf wereldgodsdiensten over waarheid wordt gesproken, brengt Vroom tot de conclusie dat er veel overeenkomsten zijn. Op grond daarvan verwerpt hij de suggestie dat men zou mogen spreken van een specifiek religieus waarheidsbegrip naast een algemeen waarheidsbegrip. Wel erkent hij dat de zaak waarover het in religies gaat niet eenduidig of algemeen toegankelijk is. Daarom kan men religieuze waarheid niet definiëren als: "how things are". Omdat, zoals alle vijf wereldgodsdiensten stellen, mensen barrières moeten overwinnen om werkelijk tot inzicht te komen, kan als definitie van religieuze waarheid gelden: "how things *really* are". Ware leer geeft daarvan geen vaststelling, maar een aanduiding, een "evocerende beschrijving".[53]

Een volgende vraag luidt of er criteria zijn om religieuze waarheid aan te toetsen. Vroom beantwoordt de vraag door te onderscheiden tussen 1) algemeen menselijke criteria; 2) algemeen religieuze criteria; en 3) bijzonder-religieuze criteria (die binnen één bepaalde religieuze traditie gelden).[54] Binnen de algemeen religieuze criteria noemt hij er vijf: religieuze beliefs moeten 1) over het transcendente gaan; 2) ervaringen integreren; 3) algemeen geldigheid claimen; 4) de mens helpen een waar mens te

---

352v.). Vroom signaleert ook dat deze zes overeenkomen met de zes klassieke onderdelen van de wijsbegeerte.

[51] *RW*, 268 (*RT*, 353).

[52] *RW*, 26-32 (*RT*, 33-39).

[53] *RW*, 269-71 (*RT*, 355-57); vgl. *GG*, 122.

[54] *RW*, 274 (*RT*, 360); vgl. *GG*, 146-49; Vroom, "Contextualiteit en criteria voor goed christelijk geloof", 42v.

worden; en 5) gefundeerd zijn in basiservaringen.[55] Uit zijn bespreking blijkt dat enerzijds alle vijf een rol spelen in interreligieuze dialoog. Anderzijds kleven aan alle vijf ook bezwaren en moeilijkheden. De belangrijkste moeilijkheden zijn volgens Vroom het gekwalificeerd karakter van religieus taalgebruik (wanneer men spreekt over het transcendente doet men dat in eindige aardse taal; dit impliceert dat deze niet letterlijk wordt gebruikt), de barrières die mensen moeten overwinnen om tot religieus inzicht te komen, en het omvattend karakter van het spreken over de totaliteit van het bestaan.[56] Ten aanzien van de algemeen-menselijke criteria—kennis moet systematisch zijn, gegrond, intersubjectief, in vrijheid gevonden en openstaan voor kritiek—concludeert Vroom, dat deze in verschillende religies op een eigen wijze worden erkend. Als gevolg daarvan is de toepassing complex.[57] Bijzonder-religieuze criteria zijn bijvoorbeeld het beroep op bepaalde geschriften en de verwijzing naar stichters van religieuze tradities. Deze criteria gelden uiteraard alleen binnen een bepaalde religie, met als gevolg dat de toetsing van waarheidsclaims dan uitsluitend een intern-religieus karakter draagt.[58] Omdat religie berust op basiservaringen en deze teruggaan op existentialen, algemene karakteristieken van het menselijk bestaan, hebben religies een *"common ground"*. Op basis daarvan is interreligieus gesprek mogelijk.[59]

Ten slotte gaat Vroom in op de vraag naar de verhouding tussen religies. Hij bespreekt vier visies. De eerste visie luidt kort samengevat, dat alle religies in essentie op hetzelfde neerkomen: elke religie is betrokken op een en dezelfde transcendente werkelijkheid. Verschillen tussen religies zou men moeten verklaren uit menselijke beperktheid en de veelheid van menselijke ervaringen. Vroom acht dit onaannemelijk. Zo doet men geen recht aan de verschillen tussen religies. Bovendien kan men, zoekend naar *beliefs* die alle religieuze tradities gemeen hebben, niet verder

---

[55] *RW*, 275-81 (*RT*, 361-69).

[56] *RW*, 281 (*RT*, 369).

[57] *RW*, 281-84 (*RT*, 370-73).

[58] *RW*, 284-85 (*RT*, 373v.).

[59] *RW*, 285, vgl. 274 (*RT*, 374v., vgl. 360v.).

komen dan formele gezichtspunten.[60] Ook de tweede visie, namelijk dat religies volstrekt alternatieve wereldbeschouwingen zijn in de zin van taalspelen of culturen en daarom onvergelijkbaar, kan Vroom niet overtuigen. Zo doet men naar zijn mening geen recht aan de treffende overeenkomsten tussen religies. Tevens kan men niet stellen dat religieuze tradities afgesloten, afzonderlijke eenheden zijn: "Religies zijn begrepen in een hermeneutisch proces, waarin de algemeen menselijke ervaring een rol speelt naast de religieuze ervaringen die men opdoet, en waarop ook de ontmoeting tussen diverse tradities en levensbeschouwingen van invloed is".[61] Om recht te doen aan zowel de overeenkomsten als de verschillen tussen religies zou men — een derde visie — elk van de vijf wereldgodsdiensten kunnen beschouwen als een ellips met twee brandpunten, waarvan één door alle vijf wordt gedeeld (namelijk de betrokkenheid op het transcendente) en de ander voor elke religie anders is. Zo ontstaat, wat Vroom noemt, een model van "bi-centered" levensbeschouwingen. Ook deze visie kan niet overtuigen: ze is te simpel. Omdat tussen religies meerdere overlappingen kunnen worden aangewezen, opteert Vroom voor een "multi-centered" visie op levensbeschouwingen. Hij stelt zich dit voor als een driedimensionale figuur met meerdere centra. Zo is dan niet langer sprake van één gezamenlijk brandpunt, maar van meerdere overlappingen. Deze kunnen gelegen zijn in alle dimensies die eigen zijn aan religie: interpretatie van basiservaringen, *beliefs*, handelingsaanwijzingen en wijzen van gemeenschapbeleving.[62]

Religies en de waarheid is een godsdienstwijsgerige studie. Men kan zeggen dat Vroom daarmee vooral een bijdrage heeft geleverd op formeel niveau. Het model van religieuze tradities als configuraties van basisinzichten die mensen helpen ervaringen te duiden en als "multi-centered belief systems" heeft immers vooral betrekking op de aard van religieuze tradities en hun onderlinge verhouding. Inzicht in deze structuren is een belangrijke voorwaarden voor interreligieuze dialoog.

---

[60] *RW*, 287v. (*RT*, 377v.); vgl. *WV*, 43v. (*SW*, 29v.); "Contextualiteit en criteria voor goed christelijk geloof", 38.

[61] *RW*, 289 (*RT*, 379v.); vgl. *GG*, 128v.

[62] *RW*, 289-91 (*RT*, 380-83).

Men kan echter moeilijk schrijven over (de voorwaarden voor) interreligieuze dialoog zonder daadwerkelijk aan die dialoog deel te nemen: *the proof of the pudding is in the eating*! Daarom publiceert Vroom enkele jaren na *Religies en de waarheid* een nieuwe studie waarin hij het interreligieuze gesprek daadwerkelijk poogt te voeren: *Geen andere goden: Christelijk geloof in gesprek met boeddhisme, hindoeïsme en islam* (1993).[63] Ook van dit boek is korte tijd later een Engelse vertaling verschenen: *No other Gods: Christian Belief in Dialogue with Buddhism, Hinduism and Islam*.[64] Het boek is bedoeld als een "proeve van kritische dialoog".[65] Volgens Vroom omvat zo'n dialoog vier aspecten: 1) kennisnemen van wat anderen geloven; 2) verwoorden van het eigen geloof; 3) bereidheid om van anderen te leren; en 4) een open gesprek over kritische vragen die over en weer worden gesteld.

Zoals de titel reeds aangeeft, neemt Vroom zijn eigen standpunt in het christelijk geloof. Uitgaand van zijn eigen religieuze overtuiging gaat hij het gesprek met drie andere wereldgodsdiensten aan. Opvallend is dat het jodendom ontbreekt.[66] De eerste drie hoofdstukken zijn achtereenvolgens gewijd aan de dialoog met het boeddhisme, het hindoeïsme en de islam. In een vierde hoofdstuk volgt een beschouwing over algemene vragen met betrekking tot de interreligieuze dialoog.

Voor de lezer van het hoofdstuk over de dialoog met het boeddhisme is al snel duidelijk, dat Vroom door deze wereldgodsdienst is gefascineerd. Tijdens colleges liet hij dat trouwens, zo herinner ik mij, in zijn verwijzingen naar het boeddhisme ook aan studenten blijken. Christelijke kerken kunnen volgens hem veel leren van de boeddhistische inzet bij de persoonlijke spiritualiteit.[67] Christenen en boeddhisten hebben ook veel gemeenschappelijke inzichten. Beide tradities zoeken de wortel van veel

---

[63] Bibliografische gegevens: pag. 20, noot 31.

[64] H.M. Vroom, *No Other Gods: Christian Belief in Dialogue with Buddhism, Hinduism and Islam*, Grand Rapids: Eerdmans, 1996.

[65] *GG*, 12.

[66] Vroom verantwoordt deze keuze niet.

[67] *GG*, 16, 39v.

ellende in hebzucht.[68] Beide tradities gaat het om het vinden van de juiste houding in het leven.[69] Beide tradities benadrukken dat men het "zelf" leeg moet maken om het werkelijke leven—het leven zoals het echt is—te vinden. In dat leeg maken schuilt echter ook een diepgaand verschil. In het christelijk geloof gaat het erom het eigen ik op te heffen om plaats te maken voor Christus. De gelovige is dan "in Christus": "Het 'in Christus zijn' is de kern van het geloof: zich in geloof toevertrouwen aan God om zich geheel door Christus te laten leiden en eigen verlangens en wensen ondergeschikt te maken aan Gods wil".[70] In deze formulering vinden weer één van de karakteristieken van geloven terug, die ik aan het begin van deze bijdrage noemde. Door "in Christus" te zijn wordt de menselijke identiteit bevestigd. Kenmerkend voor het christelijk geloof is ook, dat men als mens tegelijk zondaar en gerechtvaardigd is.[71] Het boeddhisme heeft een andere visie op het leeg maken van het ik. Voor de boeddhist gaat het erom dat het ik in zekere zin wordt "opgelost": "Wanneer men geen 'ik' meer heeft dat wil sturen en begeerten wil vervullen, dan kan men de dingen nemen zoals ze komen"[72] en overstijgt men goed en kwaad. Tussen christendom en boeddhisme ligt hier een ingrijpend verschil in visie op de menselijke identiteit. Het boeddhisme doet in Vrooms ogen aan de menselijke individualiteit tekort.[73] Beide religieuze tradities kunnen elkaar over en weer ook vragen stellen.

Van boeddhistische kant zal men vragen hoe radicaal de vernieuwing is als de gelovige niet alleen gerechtvaardigd maar

---

[68] *GG*, 18v.

[69] *GG*, 19.

[70] *GG*, 20.

[71] *GG*, 24v.

[72] *GG*, 20.

[73] *GG*, 25: "De identiteit van de mens bestaat niet in een wezen in of achter de mens—daarover kunnen christenen en boeddhisten het met elkaar eens zijn—, maar in de naam waarmee anderen iemand noemen".

tegelijk nog zondaar is en een eigen identiteit houdt—zelfs door de dood heen! Men zal zeggen dat het radicaler moet.[74]

Omgekeerd kan door de christen aan de boeddhist onder meer worden gevraagd "hoe het komt dat wie de eigen leegte 'realiseert' wijs en vol mededogen wordt", en "wat dit mededogen in de praktijk van een wereld vol goed en kwaad inhoudt".[75] Een ander punt van verschil is gelegen in de wijze waarop beide tradities de aardse werkelijkheid beschouwen. Voor boeddhisten is deze volstrekt gedetermineerd. Men heeft een non-dualistische visie, waarin alles in één omvattend kader wordt geplaatst. Goed en kwaad bepalen elkaar over en weer. De verlossing is daarin gelegen dat men goed en kwaad overstijgt. De meeste christenen hebben geen deterministische visie op de werkelijkheid. De wereld heeft als schepping van God een eigen waarde en God "laat het werk van zijn handen niet varen". Door het onderscheid tussen God en zijn schepping wordt het leven *coram deo* gesteld. Het christendom heeft dus, ondanks het feit dat er veel aan de wereld schort, een positieve kijk op het leven in de wereld. Voorts maakt men een sterk onderscheid tussen goed en kwaad. Vanuit het christendom kan men het boeddhisme vragen of men door het willen overstijgen van goed en kwaad beide niet te zeer relativeert.[76] Voor een christen bestaat de verlossing juist in de "genadige aanvaarding van de mens door God, vergeving van zonde, en inspiratie om het goede te doen".[77] Ook benadrukt Vroom, dat in de boeddhistische visie de oorsprong van de wereld in het duister blijft. Een boeddhist kan volgens hem echter omgekeerd aan een christen vragen: Waar komt God vandaan? En waarom heeft God het kwaad toegelaten?[78] De genoemde overeenkomsten en verschillen—Vroom noemt er meer—maken duidelijk dat een dia-

---

[74] *GG*, 25, vgl. 30: "Voor boeddhisten is een verlossing die de persoon niet "opheft" maar bevestigt, slechts een halve verlossing, want de waarde van de individuele mens blijft overeind".

[75] *GG*, 26.

[76] *GG*, 28, 126.

[77] *GG*, 28.

[78] *GG*, 32.

loog tussen christendom en boeddhisme zinvol is. Beide tradities kunnen over en weer van elkaar leren.

In het hoofdstuk waarin hij met het hindoeïsme de dialoog aangaat, bewandelt Vroom een iets andere weg. Noemt hij in de dialoog met het boeddhisme een veelheid aan thema's, in de dialoog met het hindoeïsme concentreert hij zich op twee punten: de hindoeïstische holistische visie op de werkelijkheid en het thema reïncarnatie. Ten aanzien van beide thema's toont hij zich kritisch. Zijn kritiek op de werkelijkheidvisie luidt kort samengevat dat als ten diepste alles goddelijk is, het goede dan

> met de kosmische orde wordt verbonden, zodat ritualisme een kans krijgt, het kastenstelsel tot de noodzakelijke ordening der dingen gerekend kan worden en iemands plicht boven deugden als barmhartigheid en solidariteit gesteld moet worden.[79]

Tegen reïncarnatie brengt Vroom een reeks bezwaren in.[80] Deze liggen op verschillende niveaus. Bepaalde gedachten acht hij intellectueel ongeloofwaardig.[81] Voorts heeft hij een maatschappelijk bezwaar: de reïncarnatieleer biedt de ruimte om maatschappelijke en economische ongelijkheid te rechtvaardigen.[82] Juist om die reden zou een reïncarnatieleer zijns inziens beter moeten wor-

---

[79] *GG*, 72; vgl. 54-64.

[80] Vgl. ook *WV*, 83-90 (*SW*, 78-86), waar Vroom het thema reïncarnatie bespreekt tegen de achtergrond van de eis naar coherentie.

[81] *GG*, 71: "Ten eerste: ik geloof niet dat er in alle dingen — mensen, beesten, bomen, planten en eventueel stenen — een permanent, onvergankelijk 'zelf' aanwezig is dat dan de ene dan de andere 'naam en vorm' aanneemt: een goddelijk zelf dat reïncarneert in de kus en de lelie, de spin en de zonnedauw, de tijgen en de eik, de arme en de rijke. Ten tweede: ik zie niet hoe één *atman* kan bestaan door een eindeloze cyclus van reïncarnaties als mens, dier of plant heen"; vgl. 73: "[...] achten we het ongeloofwaardig dat de verschillen in geluk en ongeluk, welvaart en armoede, geestelijke kracht en zwakte tussen mensen uitsluitend zouden berusten op het *karma* dat zij in voorafgaande levens hebben opgebouwd".

[82] *GG*, 66; vgl. *WV*, 226 (*SW*, 237).

den verantwoord.[83] Ook ziet hij "de zinvolle ordening dwars door een eindeloze rij bestaansvormen" niet in: "Het is mij onduidelijk hoe de karmische boekhouding werkt. Wie houdt de rekening bij? Wat is de redelijkheid binnen dit karmische systeem?".[84] Hij werkt dit op een existentieel-pastoraal niveau verder uit:

> In sommige christelijke en moslimse visies wordt gesteld dat ongeluk op iemands weg wordt gebracht door goddelijke voorbeschikking. Dat is een hard geloof: wil God dat werkelijk?, waarom bij de één wel en bij de ander niet? Maar de combinatie van *karma* en reïncarnatie impliceert dat mensen die veel narigheid meemaken het aan zichzelf te wijten hebben danwel in dit leven moeten doormaken ten einde wijzer te worden; dat lijkt mij harder.[85]

En:

> Het is een ervaringswaarheid dat allerlei oorzaken de rechtvaardige en billijke gang van zaken vaak doorkruisen. Die ervaringswijsheid pleit tegen een gerechtigheidstheorie op hoger plan, het karma, dat in kaders die wij niet begrijpen en niet kunnen overzien—onze vroegere en toekomstige levens —goed en kwaad op onze weg brengt. Zo recht lopen de lijnen niet. Het kwaad wordt hier gerecht verklaard; de ellende krijgt een plaats. Als ik moest kiezen tussen alleen deze hindoe-leer en het boeddhistische standpunt, dan zou mij de boeddhistische visie plausibeler voorkomen: *sadder and wiser*, maar niettemin.[86]

Hoewel hij verwantschap signaleert tussen christendom en hindoeïsme inzake idealen als een eenvoudige, sobere, integere leef-

---

[83] *GG*, 72v.

[84] *GG*, 71.

[85] *GG*, 71.

[86] *GG*, 72; vgl. 126: "De boeddhistische gelijkmoedigheid, het mededogen en de wijsheid, zoals beschreven in de overstijging van goed en kwaad, kan toch als een vorm van heil worden beschouwd"; vgl. 144.

wijze,⁸⁷ lijkt tussen beide tradities voor Vroom toch een diepe oceaan van onoverkomelijke bezwaren te liggen.

Dat is anders als het om de islam gaat. In het hoofdstuk waarin hij daarmee de dialoog aangaat, benoemt hij vergaande overeenkomsten tussen beide wereldgodsdiensten: God biedt steun en rust,⁸⁸ God gaat het menselijk begrip verre te boven, de schepping verwijst naar God,⁸⁹ God is rechter, die verkeerde daden ziet en afkeurt,⁹⁰ God is almachtig en tegelijkertijd is de mens een verantwoordelijk wezen.⁹¹ Gemeenschappelijk aan jodendom, christendom en islam is, dat alle drie tradities de eenheid en de uniciteit van God belijden.⁹² Zulke overeenkomsten blijven in de interreligieuze dialoog naar Vrooms mening dikwijls onderbelicht.⁹³ Toch bestaan er ook verschillen tussen het christelijke en het islamitische godsbeeld. Deze hangen samen met de visie op

---

⁸⁷ GG, 59, 69, 73, later (144) noemt Vroom: "de verbondenheid met alle dingen, het aanvaarden van de eigen plaats en de eigen taak in de samenleving, gevoel voor de nabijheid van de godheid, het koesteren van persoonlijke vroomheid".

⁸⁸ GG, 86.

⁸⁹ GG, 87. Vroom signaleert wel, dat de Koran verder gaat dan Paulus in het antwoord op de vraag wat men vanuit de schepping over God kan weten. Paulus beperkt dit tot Gods eeuwige kracht en goddelijkheid; de Koran noemt "Gods macht, wijsheid, beslistheid en welwillendheid". Staand op de bodem van zijn eigen christelijke traditie stelt Vroom daarbij de vraag: "Moet men niet erkennen dat er in de natuur ook veel is dat vijandig en onvolkomen is? De natuur is ambigu [...] Of men uit de waarneming van de natuur meer kan afleiden dan dat het bestaan ervan een groot raadsel is dat de gedachte aan een oorsprong en een bedoeling oproept, en dat veel erg knap in elkaar zit, lijkt mij de vraag".

⁹⁰ GG, 88v.

⁹¹ GG, 89v.

⁹² Pb, 162; H.M. Vroom, "Jezus Christus als beeld van God", in: Stella el Bouayadi-van de Wetering en Henk Vroom (red.), *In het spoor van Jezus en Mohammed: Op zoek naar God en hoe te leven...*, Zoetermeer: Meinema/Kapellen: Pelckmans, 2008, 65.

⁹³ GG, 125.

Jezus, op Mohammed en op de Koran. Gelet op ontwikkelingen in de huidige tijd verwondert het niet dat Vroom de verschillen tussen christendom en islam ten aanzien van de persoon van Jezus niet alleen in *Geen andere goden* bespreekt, maar ook in andere publicaties expliciet aan de orde stelt.[94] Hij signaleert, dat het verschil in visie op Jezus niet slechts draait om het feit of Jezus nu wel of niet aan het kruis is gestorven en is opgestaan, maar veel dieper gaat: zij raakt het beeld van God. Dit komt op meer dan één punt tot uitdrukking. Zo staat bijvoorbeeld voor moslims het lijden en sterven van Jezus Christus haaks op het beeld van Gods macht.[95] Uitermate belangrijk is de controverse op het punt van de drie-eenheid. Deze wordt door moslims verworpen, omdat daarmee tekort wordt gedaan aan Gods eenheid en verhevenheid van God.[96]

In de dialoog met de islam verdedigt Vroom het christelijk spreken over God als drie-Ene. Omdat deze verdediging veel zegt over Vrooms eigen geloofsovertuiging, geef ik hem uitvoerig weer. De verdediging verloopt in een aantal stappen. Hij zet in bij de gedachte van Gods goedheid. Deze is volgens Vroom niet vanzelfsprekend: "hoe weten we uit de wereld om ons heen zo zeker dat deze godheid goed is?"[97] Centraal binnen het christelijk geloof is bovendien de gedachte dat de boodschap van Gods goedheid niet genoeg was om zonde en duisternis te overwinnen.[98] De volgende stap is de stelling, dat men Christus niet mag losmaken uit de lange geschiedenis van Gods bemoeienis met mens en wereld. Doet men dat wel, dan worden volgens Vroom zowel de christologie als de triniteit onbegrijpelijk. Hij werkt dit uit aan de hand van de gelijkenis uit het evangelie over de onrechtvaardige pachters (Matteüs 21:33-39). Deze gelijkenis, waarin de pachters telkens de boodschapper en ten slotte zelfs de zoon van de eigenaar doden, maakt enerzijds duidelijk dat het kwaad dieper gaat dan wij vaak denken: Jezus' kruisdood is een gevolg

---

[94] Zie: *Pb*, 159vv.; "Jezus Christus als beeld van God", 63-75.

[95] *GG*, 89v.; *Pb*, 167v.

[96] *GG*, 125.

[97] *Pb*, 161v.; vgl. "Jezus Christus als beeld van God", 65v.

[98] *Pb*, 161v.; "Jezus Christus als beeld van God", 65v.

van het feit dat mensen zich van God afwenden; maar anderzijds dat Gods trouw ook dieper gaat.[99] Dat laatste heeft de christelijke traditie — de volgende stap — gezien in Jezus' leven en sterven: "In Jezus' optreden heeft men Gods hand herkend".[100] Daarom belijdt het christelijk geloof dat God in Christus zijn hart heeft doen kennen.[101] Christelijk geloof betekent daarom: "geloofsvertrouwen op God die in Christus zijn hart heeft laten zien"[102] — een formulering die herinnert aan een van de karakteristieken van Vrooms visie op geloven, die ik aan het begin heb aangewezen. Vroom werkt dit breder uit in zijn boek *Waarom Jezus?* (1997), waarin hij aan de hand van het Onze Vader centrale noties van het christelijk geloof uiteenzet.[103] De zojuist samengevatte gedachten verbindt Vroom met het christelijk spreken over de drie-eenheid. Men mag deze, zo beklemtoont hij met nadruk, niet opvatten als een theorie over hoe God in elkaar zit.[104] Het is een *belijdenis*, namelijk dat "het dezelfde, ene God [is] die zich in Christus heeft bekend gemaakt en in de Geest in de wereld werkt". De pointe van het

---

[99] *GG*, 95v., 139; *Pb*, 162v.; "Jezus Christus als beeld van God", 66v.

[100] *GG*, 96.

[101] *Pb*, 164; vgl. 166 ("[...] dat Christus het beeld van de onzichtbare God is en dat God is zoals we Hem in Christus kennen: liefdevol, rechtvaardig, verzoenend, vergevend, erbarmend, inspirerend — en lijdend onder het kwaad"); "Jezus Christus als beeld van God", 67v.; *GG*, 97: "in Jezus was God onder de mensen"; *WJ*, 101: "Wie is Jezus? Hij is bij God en kwam van God. Hij maakt duidelijk wie God is en wat God wil".

[102] *Pb*, 160; "Jezus Christus als beeld van God", 63.

[103] *WJ*, vooral pag. 112v.

[104] *Pb*, 161: "Het lijkt mij een misverstand dat dit [de triniteit denkbaar maken en zo uitleggen dat de lezer kan begrijpen hoe het zit] zou kunnen of ook zou moeten [...] Bovendien begrijp ik het vaak niet als dogmatici proberen uit te leggen hoe de triniteit 'is': een eeuwige dans van de Vader, de Zoon en de Heilige Geest; of de Heilige Geest als liefdesband tussen de Vader en de Zoon; een 'economische triniteit' — ik begrijp er denk ik niet zoveel van, dat geef ik moslims en anderen graag toe. Ik denk dat sommige denkers een geheim willen ontraadselen dat door mensen niet in kaart kan worden gebracht" (vgl. "Jezus Christus als beeld van God", 64); vgl. 197; *GG*, 142; *WV*, 263 (*SW*, 277).

christelijk spreken over God als drie-Ene is daarom juist gelegen in de eenheid van God: "God de Schepper is in zijn wezen precies zoals Christus en God die als Geest in de wereld werkt is ook dezelfde, ene, zoals Hij zich in Christus te kennen heeft gegeven".[105] Daarom is het christelijk spreken over Gods als drie-eenheid voor Vroom onopgeefbaar:

> Zonder drie-eenheid vervalt het inzicht in de goedheid van God en tegelijk in de diepte van het kwaad. Wat dan overblijft is een veel bevattelijker vorm van christendom, die onvermijdelijk ook veel oppervlakkiger is.[106]

De bezwaren van moslims tegen de triniteit gaan volgens Vroom niet op. Deze zijn—heel kort samengevat—een gevolg van het letterlijk nemen van symbolische taal verbonden met een "verkeerd idee van eenheid als *simplicitas*".[107]

Ten aanzien van Mohammed merkt Vroom op dat "hij stellig iemand is geweest die God ernstig zocht en die ervaringen van God heeft gehad". Christenen kunnen volgens hem "ruimhartig [...] erkennen dat Mohammed een (buiten-bijbelse) profeet was die mensen de ene God betuigde en zeer velen tot *islam* (geloofsvertrouwen en -gehoorzaamheid) heeft gebracht".[108] Om verschillende redenen verwerpt Vroom de gedachte dat de Koran letterlijk de woorden bevat die God tot Mohammed heeft gesproken. Zo heeft onderzoek uitgewezen, dat de Koran gedachten bevat die zijn overgenomen uit joodse en christelijke tradities.[109] Ook benadrukt hij dat het begrip "Woord van God" in de christelijke traditie onlosmakelijk met Jezus Christus is verbonden. Ook om die reden is het voor een christen moeilijk om de Koran het Woord van God te noemen.[110] Samenvattend kan men zeggen dat Vroom in de dialoog met de islam veel overeenkomsten met de christe-

---

[105] *Pb*, 166; "Jezus Christus als beeld van God", 69.

[106] *Pb*, 165; "Jezus Christus als beeld van God", 68.

[107] *Pb*, 168-170 (citaat 170); "Jezus Christus als beeld van God", 73-74.

[108] *Pb*, 170; vgl. *GG*, 100-06.

[109] *Pb*, 171; vgl. *GG*, 107v.

[110] *GG*, 109v.

lijke traditie ziet. Dat neemt tegelijkertijd niet weg, dat ook diepgaande verschillen kunnen worden waargenomen. Vroom houdt staande, dat "christenen God op grond van het Evangelie beter *kunnen* kennen dan moslims".[111]

In het slothoofdstuk van *Geen andere goden* volgen enkele algemene beschouwingen met betrekking tot interreligieuze dialoog. Vroom beargumenteert daarin onder meer dat men als christen kan erkennen "dat andere religies ware inzichten kunnen bevatten en zowel binnen de samenleving als voor mensen persoonlijk allerlei goeds kunnen bewerken en aldus heil kunnen verschaffen".[112] Dit sluit aan bij het model van *multi-centered beliefsystems*, dat hij in zijn *Religies en de waarheid* heeft uitgewerkt. Of alle religies uiteindelijk dezelfde God aanbidden, hangt af van de vraag wat men onder "God" verstaat. Wanneer het godsbeeld zich kenmerkt door "de kwaliteiten: scheppend, willend, doelstellend, en (dus) persoonlijk (in enigerlei zin van het woord)" kan men volgens Vroom de vraag bevestigend beantwoorden.[113] Vergelijking leert dat echter niet alle godsbeelden aan deze kenmerken voldoen. Daarom concludeert Vroom "dat sommige maar niet alle religies dezelfde God aanbidden".[114]

In de slotparagraaf gaat Vroom dieper in op interreligieuze dialoog. Een kritische dialoog—daar gaat het Vroom immers om in *Geen andere goden*—bestaat naar zijn mening uit vier elementen: 1) de bereidheid anderen te leren kennen en hun goede kanten te zien; 2) het verwoorden van het eigen geloof; 3) de bereidheid van elkaar te leren; en 4) openheid voor wederzijdse kritische vragen.[115] Het doel van een kritische dialoog is niet anderen te dwin-

---

[111] *GG*, 100, vgl. 116, 139.

[112] *GG*, 128.

[113] *GG*, 130vv. (citaat 131); vgl. 138: "Schepper met een wil en doel en (dus) persoonlijk"; vgl. H.M. Vroom, "Do all Religions Worship the same God?", in: *Religious Studies* 26 (1990), 73-90.

[114] *GG*, 132.

[115] *GG*, 142v.; vgl. *WJ*, 106vv.

gen tot een andere overtuiging of het hebben en krijgen van gelijk, maar het gemeenschappelijk zoeken van de waarheid.[116]

In de jaren die volgen blijft Vroom denken en publiceren over vele vragen rond de theologie der godsdiensten. Dit culmineert ruim tien jaar na *Geen andere goden* in een nieuw boek: *Een waaier van visies*. Ook hiervan verschijnt een Engelse vertaling: *A Spectrum of Worldviews*.[117] In deze studie brengt hij veel inzichten die hij in eerder werk heeft ontwikkeld — bijvoorbeeld zijn hermeneutische inzichten,[118] zijn in *Religie en de waarheid* ontwikkelde theorie over existentialen, basiservaringen, basisinzichten en tradities als (dynamische) configuraties van basisinzichten,[119] zijn visie op criteria voor geldige kennis,[120] en zijn visie op de aard van religieuze taal[121] — bij elkaar om deze verder uit te werken. *Een waaier van visies* mag daarom gelden als het *magnum opus* van zijn werk op het gebied van de theologie (of: filosofie) der godsdiensten.

---

[116] *GG*, 123, 143. Dit omvat zowel de geloofsbeleving, het kennisaspect als een sociaal-politiek aspect (*GG*, 145).

[117] Bibliografische gegevens: boven pag. 5, noot 13.

[118] Zie: *WV*, 53-70 (*SW*, 41-62) over het begrijpen van het geloof van anderen (volgens Vroom heeft men op basis van het gezamenlijke menszijn toegang tot andere tradities; men kan de levensbeschouwelijke inzichten van andere tradities echter maar ten dele begrijpen). Vgl. ook *WV*, 81v. (*SW*, 75v.), over "algemene termen", waarbij Vroom opmerkt dat men begripsanalyse, ondanks de "dodelijke kritiek" daarop in de laatste decennia, niet kan missen. Wel moet men beseffen, dat begrippen geworteld zijn in tradities en dus contextueel zijn bepaald.

[119] Zie: *WV*, 25vv., *passim* (*SW*, 10vv., *passim*).

[120] Zie: *WV*, 71-91 (*SW*, 63-86). In *Religies en de waarheid* en in *Geen andere goden* maakte Vroom onderscheid tussen algemeen menselijke criteria, algemeen religieuze criteria en bijzonder-religieuze criteria. In *Een waaier van visies* is hij minder uitvoerig en noemt hij binnen het kader van de vraag of men kan oordelen over geloof van anderen vier criteria: 1) ervaring; 2) gevolgtrekkingen uit ervaring (implicaties); 3) consistentie; en 4) getuigenis. Wel benadrukt hij in overeenstemming met zijn eerdere publicaties dat deze criteria op billijke wijze en in goede balans moeten worden toegepast.

[121] Zie: *WV*, 92-118, 262 (*SW*, 87-116, 276).

Vroom is zich er overigens terdege van bewust dat "de" theologie der godsdiensten niet bestaat. Iedereen werkt vanuit zijn of haar eigen achtergrond en kan zich daar niet geheel van losmaken:

> We may blend insights from various sources, but we all stand in traditions, often at the crossroads of more than one tradition, but we are never entirely free persons who start afresh and simply learn to look on our own, as if we were seeing reality for the first time. So, philosophy of religion becomes philosophies of religions from various perspectives, religious or secular.[122]

Theologie der godsdiensten kan daarom uitsluitend in dialoog geschieden, waarbij iedere deelnemer open moet zijn over de eigen achtergrond.

Een waaier van visies is, zoals Vroom zelf schrijft, bedoeld als "een inleiding in de theorie van levensbeschouwingen en religies". Uitgangspunt is de plurale cultuur, die zo kenmerkend is voor de huidige tijd.[123] Er bestaat wereldwijd een waaier van visies. De tijd is voorbij dat westerse tradities tot universele basis voor de wereldcultuur kunnen worden bestempeld. Gelet op de toestand in de wereld komt het erop aan verschillen tussen levensbeschouwingen en culturen onder ogen te zien en daar goed mee om te gaan. "Echt pluralisme" wil volgens Vroom zeggen

> dat men ervan uit moet gaan dat levensbeschouwelijke tradities van elkaar verschillen en dat geen enkele stroming boven de partijen staat of er op voorhand aanspraak op kan maken dat zij het meest geschikt is als algemene basis van de wereldcultuur.[124]

Ook de ethiek kan dat volgens hem niet, omdat elk voorstel voor een universele morele orde in feite het eigen morele systeem en daarmee ook het eigen mens- en wereldbeeld algemeen geldig ver-

---

[122] H.M. Vroom, "Theologies of Religions", in: Jerald D. Gort, Henry Jansen and Hendrik M. Vroom, *Religions View Religions: Explorations in Pursuit of Understanding*, Amsterdam/New York: Rodopi, 2007, 340v.

[123] *WV*, 10, 22v., 259 (*SW*, ix, 7v., 272).

[124] *WV*, 23 (*SW*, 8v.).

klaart.[125] Vroom ziet twee taken voor de "wijsbegeerte van religies en levensbeschouwingen". De ene is het bieden van een "analyse van de aard van levensbeschouwingen en de verheldering van hun onderlinge relaties". De andere is het onderzoek naar de mogelijkheidsvoorwaarden van dialoog.[126] Dat sluit naadloos aan bij de eerdere studies *Religies en de waarheid* en *Geen andere goden*. Daarom kan Vroom ook opmerken, dat hij met *Een waaier van visies* zijn lezers hoopt voor te bereiden op het voeren van dialoog.[127]

Vergeleken met zijn eerdere werk valt op, dat Vrooms perspectief zich in *Een waaier van visies* heeft verwijd. Concentreerde hij zich in *Religies en de waarheid* en in *Geen andere goden* op religies, de vijf wereldgodsdiensten in het bijzonder, in *Een waaier van visies* ligt de inzet bij het begrip "levensbeschouwing". Hij definieert dit als "iemands visie op het leven".[128] Die visie betreft "inzichten die iemands leven richting geven" en gaat gewoonlijk samen met een manier van leven.[129] Opnieuw doet dit sterk denken aan de eerder aangewezen karakteristiek van geloven als het gaan van een weg. Het begrip "levensbeschouwing" is echter heel breed — veel breder in elk geval dan wat Vroom in zijn vroege werk bedoelde met (christelijk) "geloven". Binnen het veld van levensbeschouwingen kan men, aldus Vroom, onderscheiden tussen seculiere levensbeschouwingen die geen zijn erkennen buiten het voor de zintuigen of de wetenschap kenbare universum en religieuze levensbeschouwingen die juist wel een werkelijkheid — de grond van het bestaan — erkennen die niet kenbaar is door middel van onze gewone ervaring. Binnen de religieuze levensbeschou-

---

[125] *WV*, 23, 224v. (*SW*, 9, 234v.); vgl. *RZC*, 109: "Alles wat universeel geldig wordt verklaard, komt uit een bepaalde hoek".

[126] *WV*, 24; vgl. 279 (*SW*, 9, 295).

[127] *WV*, 12.

[128] *WV*, 17 (*SW*, 1); vgl. 25 (*SW*, 10): "Een visie op het leven omvat inzichten in mens-zijn, zowel wat betreft het eigen leven als wat betreft het samenleven met anderen, inzichten in de wereld en de natuur en inzichten in het grote verband van alle dingen"; en 241 (*SW*, 253): "Levensbeschouwingen zijn tradities waarin mensbeelden en daarmee beelden van goed leven en waarden worden overgeleverd".

[129] *WV*, 25, 259 (*SW*, 10, 271).

wingen kan men nog weer onderscheiden tussen religies zonder godsbeeld en religies met een "idee van het goddelijke".[130]

Omdat het spreken over het goddelijke binnen religieuze levensbeschouwingen sterk uiteen loopt, geeft Vroom in *Een waaier van visies* de voorkeur aan het begrip "transcendentie" boven het begrip "God". De term "transcendentie" laat open hoe transcendentie nader wordt ingevuld. "Transcendentie" duidt alleen aan "dat mensen denken dat er in de religieuze beleving van de werkelijkheid een grond van alle dingen wordt ervaren die de dingen die we 'gewoonlijk' ervaren te buiten gaat".[131] Vroom benadrukt dat de term "transcendentie" zo bezien een "categorie" is, die "alle ideeën over de grond van de werkelijkheid die we in diverse levensbeschouwingen tegenkomen omvat".[132]

Concentreert Vroom zich in *Religies en de waarheid* op het waarheidsbegrip zoals dat in de vijf grote wereldgodsdiensten wordt gehanteerd (uitlopend op de idee van basiservaringen als grond voor dialoog), en in *Geen andere goden* op de daadwerkelijke materiële dialoog tussen enerzijds het christendom en anderzijds boeddhisme, hindoeïsme en islam, in *Een waaier van visies* ontwerpt hij een model voor het spreken over transcendentie. Zeer belangrijk binnen dat model zijn enkele onderscheidingen. Deze onderscheidingen kunnen helpen om de verschillen en de overeenkomsten tussen levensbeschouwingen in het oog te krijgen. Beide, zowel de verschillen als de overeenkomsten, zijn belangrijk. Evenals in eerder werk verdedigt Vroom namelijk de stelling, dat religieuze voorstellingen aan de ene kant te veel verwantschap vertonen om vergelijking bij voorbaat voor onmogelijk te houden, en aan de andere kant te veel verschillen om ze zonder meer aan elkaar gelijk te stellen.[133]

Een eerste onderscheiding bestaat uit het voorstel om voorstellingen van transcendentie te vergelijken op basis van "functies

---

[130] *WV*, 17v.; vgl. 33v. (*SW*, 1v., vgl. 19v.).

[131] *WV*, 17. (*SW*, 1).

[132] *WV*, 18; vgl. 38v. (*SW*, 1, vgl. 23-25).

[133] *WV*, 36-52, vooral 47. (*SW*, 21-39, vooral 34v.).

van 'het' transcendente". Hij onderscheidt zes van deze functies:[134]
1. "uitdrukkingen van het besef van transcendentie, (voorzover mogelijk) gedacht (als) zonder de voortbrenging van de wereld";
2. "voorwaarden voor (a) voortbrenging van de wereld en (b) eventuele relaties met de wereld";
3. "eigenschappen in verband met het doen voortbestaan van de wereld";
4. "eigenschappen in verband met processen in de wereld als geheel";
5. "eigenschappen in verband met het (bij)sturen van de gang van de natuur, volkeren en personen in het algemeen";
6. "eigenschappen in verband met bijzondere gebeurtenissen in de natuur, de geschiedenis of het leven van volkeren of personen".

Vroom meent, dat als twee "godsbeelden" in alle zes genoemde functies "eigenschappen" hebben, er een goede reden is om te overwegen of de twee godsbeelden (ook al verschillen zij aanzienlijk) naar dezelfde God verwijzen.[135]

Een tweede onderscheiding betreft die tussen drie typen van spreken over transcendentie: akosmisch, kosmisch en theïstisch. Kenmerkend voor een akosmische wijze van spreken over transcendentie is dat "het" transcendente geheel buiten de kosmos wordt gezien en volstrekt van de kosmos is gescheiden.[136] Kos-

---

[134] WV, 48-51, 154v., 267-274 (SW, 35-39, 157, 281vv.).

[135] WV, 50 (SW, 38).

[136] WV, 120-33 (SW, 119-134); vgl. 231 (SW, 243): "In akosmische levensbeschouwingen is het doel van het menselijke bestaan in principe het opheffen van de banden met deze wereld"; 265 (SW, 279): "Een akosmische opvatting kent een onaardse, akosmische transcendentie; de mens heeft een akosmisch (eeuwig) beginsel in zich; de vervreemding is 'being apart' van de ultieme werkelijkheid. Het heil ligt buiten deze wereld in de eenheid met het echte zijn(de); de normativiteit van het moraalsysteem ligt niet in de kosmos maar komt van buiten"; 269-72, 274 (SW, 283vv.). Voorbeelden van een akosmische visie op transcendentie signaleert hij in bepaalde door het (neo)platonisme beïnvloede mystieke stromingen in de christelijke traditie en in hindoeïstische stromingen

mische beelden van transcendentie vormen daarvan het omgekeerde: het transcendente en de kosmos of het universum zijn niet van elkaar te onderscheiden: "Deze wereld is zelf het goddelijke en het goddelijke is niet buiten deze wereld".[137] Theïstische wijzen van spreken over transcendentie zien de wereld als schepping van God. Hoeveel verschillen tussen theïstische visies ook bestaan,[138] de wereld heeft "een eigen zelfstandigheid, als het ware tegenover de Schepper".[139] Vroom beklemtoont, dat religies zich niet eenvoudig onder een van de drie typen van transcendentie laten

---

zonder persoonlijk godsbeeld.

[137] *WV*, 133-41 (citaat 133; *SW*, 134-45, citaat 134); vgl. 230 (*SW*, 242): "In kosmische levensbeschouwingen gaat het in het goede leven altijd om leven in deze kosmos. Er is geen doel buiten dit bestaan"; en 265 (*SW*, 279): "In een kosmische opvatting is er immanente transcendentie; het heil is in en niet buiten deze wereld: 'being part' van de kosmos; de menselijke vervreemding bestaat in 'being apart' van de kosmos waarvan men deel uitmaakt"; 266-68, 274 (*SW*, 281vv.). Voorbeelden van een kosmische visie op transcendentie signaleert hij bij de Stoa en in bepaalde boeddhistische stromingen.

[138] Volgens Vroom kunnen verschillen onder meer worden waargenomen ten aanzien van de aanvang van de wereld, de verhouding tussen God en de geschiedenis van natuur en mensheid, en de verhouding tussen God en de menselijke vrijheid (*WV*, 142; *SW*, 145).

[139] *WV*, 142-48 (citaat 142; *SW*, 145-51, citaat: 145); vgl. 265 (*SW*, 279): "Theïstische religies gaan uit van een scheppingsidee, en dus van een persoonlijke godsvoorstelling: God kan een doel stellen, zijn wil doorzetten, enzovoorts. De wereld heeft een eigen waarde; het heil bestaat binnen de schepping, maar niet als een opgaan in de schepping; vervreemding is verkeerd in de wereld staan en geen goede relatie met God onderhouden; heil is een goede relatie met God en verantwoord leven in de wereld: 'being part and being apart' van de overige schepping"; 272-74 (*SW*, 286vv.). Voorbeelden van een theïstische visie op transcendentie signaleert hij in de "Abrahamitische religies": jodendom, christendom en islam.

rangschikken.¹⁴⁰ Veel religies worden gekenmerkt door ambivalenties.

Zowel de onderscheiding tussen functies van "het" transcendente als de onderscheiding van drie typen van voorstellingen van transcendentie kan helpen om overeenkomsten en verschillen tussen levensbeschouwingen te signaleren en zo enige ordening aan te brengen in de waaier aan levensbeschouwelijke visies. Daarom past Vroom deze onderscheidingen toe als analyse-instrument.¹⁴¹

Dit komt bijvoorbeeld tot uitdrukking in zijn behandeling van de vraag naar een persoonlijk of een onpersoonlijk spreken over het goddelijke. Inzet van beide analyse-instrumenten brengt aan het licht, dat het niet gemakkelijk is om onder woorden te brengen wat mensen onder transcendentie of het goddelijke verstaan. Waar men een onpersoonlijk spreken zou verwachten, blijken mensen toch persoonlijke eigenschappen aan het goddelijke toe te kunnen schrijven. Het spreken over God in persoonlijke termen blijkt door kwalificaties en nuanceringen te zijn omgeven.¹⁴² Daaruit wordt duidelijk, dat levensbeschouwelijke stromingen in hun spreken over transcendentie elementen van meerdere typen kunnen combineren.¹⁴³ De drie typen die Vroom onderscheidt, zijn dus niet gelijk te stellen aan levensbeschouwelijke stromin-

---

¹⁴⁰ WV, 148 (SW, 151) "In het christendom komt naast het theïstische een vrijwel akosmisch godsbegrip voor, in het hindoeïsme leeft in de volksreligie de persoonlijke aanbidding van godheden en in sommige vormen van boeddhisme nemen de bodhisattva's bijna de gedaante van godheden aan".

¹⁴¹ Vgl. WV, 222, 258, 265, 274, 281 (SW, 232, 271, 279, 288, 298). Dit gebeurt ook in andere publicaties van zijn hand. Zie bijvoorbeeld: H.M. Vroom, "Why are We Inclined to Do Evil?: On the Anthropological Roots of Evil", in: H.M. Vroom, (ed.), *Wrestling with God and with Evil: Philosophical Reflections*, Amsterdam/New York: Rodopi, 2007, 131-46; H.M. Vroom, "Evil from a Comparative Perspective", in: Jerald D. Gort, Henry Jansen and Hendrik M. Vroom (eds.), *Probing the Depths of Evil and Good: Multireligious Views and Case Studies*, Amsterdam/New York: Rodopi, 2007, 343-66.

¹⁴² WV, 151-74 (SW, 153-78).

¹⁴³ Zie ook WV, 266-75 (SW, 278vv.).

gen.[144] Hoe het mogelijk is dat levensbeschouwelijke tradities elementen uit verschillende typen kunnen opnemen, verklaart hij aan de hand van zijn in *Religies en de waarheid* ontwikkelde theorie over basiservaringen en basisinzichten.[145]

Vergelijkbare uitkomsten zijn het resultaat van een analyse van de vragen naar goed en kwaad.[146] Wat betreft het kwaad kan men onderscheiden tussen vragen m.b.t. de mens en het kwaad, en vragen m.b.t. transcendentie en het kwaad. Wanneer het gaat om de mens en het kwaad blijken er verschillende antwoorden op de vraag naar de wortel van het kwaad te worden gegeven.[147] Toch blijken er ook overlappingen te bestaan, niet alleen binnen levensbeschouwelijke tradities die tot eenzelfde type van spreken

---

[144] *WV*, 266 (*SW*, 280).

[145] *WV*, 266 (*SW*, 280): "De verklaring lijkt mij hierin te leggen dat die religieuze stromingen een basiservaring kennen die aanleiding is om een element aan de traditie toe te voegen, dat niet in het betreffende type levensbeschouwing—kosmisch, akosmisch en theïstisch—past. Deze impressieve ervaring wordt gekend in een basisinzicht, dat vervolgens in verhalen wordt verwoord en in de theologie of filosofie van die traditie wordt doordacht".

[146] Correlaat hieraan zijn Vrooms uiteenzettingen over perspectieven op mens-zijn in de drie typen levensbeschouwingen. Zie daarvoor: *WV*, 230-35 (*SW*, 242-47).

[147] Vroom concludeert: "Zo hebben we gezien dat de wortel van het kwaad niet in dezelfde slechte eigenschappen van de mens wordt gezocht. De *condition humaine* speelt een grote rol: idealen en verplichtingen botsen, mensen zijn eindig en kunnen niet alles doen en niet alle gevolgen van hun handelen overzien. De natuur en het wereldgebeuren confronteren mensen met tegenslagen en moeilijkheden waartegen zij vaak niet zijn opgewassen. Het kwaad treedt op allerlei punten naar voren, van te veel of te weinig eten, via roddel, ontrouw en misbruik van de goedheid en liefde van de ander tot diefstal, roof, moord en exploitatie van mensen voor eigen gewin. Sommige levensbeschouwingen wijzen een van deze kenmerken als diepste fout aan, andere laten het in het midden en zien allerlei verleidingen waaraan mensen bloot staan, en weer andere wijzen een kern aan waar de mens vervreemd is van zichzelf en heel de werkelijkheid: uit deze kern van vervreemding ontstaan dan de concrete ontsporingen" (*WV*, 184; *SW*, 190). Vgl. "Why are We Inclined to Do Evil?", 131-46.

over transcendentie behoren, maar ook tussen tradities die tot een ander type kunnen worden gerekend.[148] Hetzelfde, verschillen en overeenkomsten, kan men zien in de wijze waarop binnen de drie typen levensbeschouwing wordt gedacht over transcendentie en het kwaad.[149] Wanneer men over transcendentie spreekt als "goed",[150] blijkt dit predicaat uiteenlopende betekenissen te hebben. Daarbij is, zoals Vroom schrijft,

> de relatie tussen transcendentie en het goede in het geding. In theïstische tradities is die relatie meerzinnig; in akosmische tradities is het Brahman goed in de zin van nastrevenswaardig maar niet goed in de zin van weldadig of goed-handelend; in een kosmische traditie kan men—als men consequent is—in feite niet meer zeggen dat het leven of de wereld goed of kwaad is: het ís gewoon (of, zoals sommige hindoe-denkers graag zouden toevoegen: het is en het is niet).[151]

Ten aanzien van de vraag naar het goede benadrukt Vroom (in het spoor van Socrates) ook, dat iets niet goed is omdat God het wil, maar omdat het goed is in zichzelf: "Het goede wordt door God gewild omdat het goed is; het wordt (dus) niet goed omdat God het wil. Goed gedrag moet dus intrinsieke waarde hebben". Dit impliceert dat de norm voor wat goed is slechts kan worden erkend.[152] Bij die erkenning spelen levensbeschouwingen een uiterst belangrijke rol, "want die zeggen wat waardevol is om na te streven".[153] Wat dat precies is, verschilt. "Ieder hakt een eigen paadje in het dichte kreupelhout van levensbeschouwin-

---

[148] Vroom signaleert dat temidden van de vele verschillen tussen sommige boeddhisme tradities (kosmisch) en sommige christelijke tradities (theïstisch) "een sterke nabijheid" kan worden waargenomen op het punt dat een mens uit zichzelf niet in staat is een goed mens te zijn (WV, 183, vgl. 236; SW, 189, vgl. 248).

[149] WV, 184-198 (SW, 190-207).

[150] WV, 213-18 (SW, 221-27).

[151] WV, 217v. (SW, 226v.).

[152] WV, 208; vgl. 212 (SW, 215, vgl. 221); RZC, 101.

[153] WV, 211 (SW, 219).

gen".[154] Daarom wordt onze huidige cultuur gekenmerkt door een waardenpluralisme.[155] Dit heeft als gevolg dat mensen zelf moeten beoordelen en kiezen welke levensbeschouwelijke traditie hen het beste lijkt of een "eigen pakket" moeten samenstellen uit het brede aanbod van tradities.[156] Zo'n keuze verschilt echter van de wijze waarop men kleding kiest en koopt. Het is een "complex proces".[157]

Vroom benadrukt dat de morele opvattingen van de levensbeschouwelijke tradities noch geheel aan elkaar gelijk zijn, noch

---

[154] H.M. Vroom, "Christelijk godsdienstonderwijs in een plurale cultuur en zijn implicaties voor een dialogische theologie", in: Bert Roebben (red.), *Religieus opvoeden in een multiculturele samenleving*, Leuven: Davidsfonds, 2000, 148.

[155] *WV*, 208vv. (*SW*, 215vv.); "Waarden-vormend onderwijs: op wiens gezag?", 152vv.

[156] *WV*, 211 (*SW*, 219); vgl. 241 (*SW*, 253): "[...] en dat mensen hun eigen keuzen maken uit een waaier van visies"; 252 en 274v. (*SW*, 266 en 288-90), waar Vroom opmerkt dat "het belangrijk [is] dat wie opvattingen aan meer tradities ontleent en een eigen 'blend' maakt, zich er rekenschap van geeft welke elementen uit wat voor soort tradities men samenbrengt. Men kan niet alles combineren. Men moet zich vragen stellen; vroeg of laat stelt het leven zelf iemand voor de vraag of iemands overtuigingen genoeg stevigheid hebben om goed te handelen in moeilijke situaties of om de zwarigheden van het leven zo goed mogelijk te doorstaan". Vgl. H.M. Vroom, "Why Are We So Inclined to Evil? Religious Views on the Sources of Evil", in: Jacques Haers, Norbert Hintersteiner and Georges De Schrijver (eds.), *Postcolonial Europe in the Crucible of Cultures: Reckoning with God in a World of Conflicts*, Amsterdam/New York: Rodopi, 2007, 174v.

[157] *WV*, 283 (*SW*, 300): "We hebben ervaringen die onze visie op het leven zijn gaan bepalen — men heeft zich inzichten aangeleerd en zich eigen gemaakt; in de loop der jaren zijn er inzichten bijgekomen; andere zijn bijgesteld en zijn er afgevallen. We hebben ze niet uitgekozen uit een waaier die ons ooit is voorgehouden. We hebben ze meegekregen van onze ouders, via de scholen, de media, de vriendenkring en ons werk. Ze zijn stilzwijgend getoetst aan de ervaringen die we hebben opgedaan. We hebben erover nagepraat, erover gelezen en met andere gesproken. Ieder stelt zich aan bepaalde ervaringen bloot door zich ergens in te verdiepen en er langzaam meer van te weten te komen. De vorming van onze overtuigingen is een complex proces".

zoveel van elkaar verschillen dat zij onvergelijkbaar zijn.[158] De enige mogelijkheid die kan leiden tot vreedzaam samenleven is zijns inziens die van dialoog: "gesprek en studie".[159] Gelet op de huidige stand van zaken in de wereld[160] acht Vroom zo'n dialoog een "urgente opgave" en een "dringende noodzaak".[161] Dit vereist openheid, empathie en bereidheid om op kritische vragen te antwoorden, tegenstellingen te bespreken en punten van eensgezindheid te formuleren.[162] Evenals *Religies en de waarheid* en *Geen andere goden* loopt *Een waaier van visies* dus uit op een pleidooi voor dialoog. De diepste drijfveer voor zo'n dialoog is het bewaren van de vrede in een complexe en plurale samenleving.

Daarmee zijn we aangeland bij de vierde en laatste hoofdlijn in Vrooms werk: zijn cultureel en maatschappelijk engagement. Voor ik daartoe overga, stel ik vast dat in Vrooms vele bijdragen aan de theologie der godsdiensten een ontwikkeling is waar te nemen. Deze ontwikkeling loopt parallel aan de (mede door hemzelf beïnvloede) ontwikkeling van het vak, die (zeker op academisch niveau) dateert vanaf de jaren tachtig van de twintigste eeuw.[163]

De eerste aanzetten tot bijdragen aan de theologie der godsdiensten zijn reeds te vinden in Vrooms vijfentwintig jaar geleden verschenen boek *Waarom geloven?* (1985). Hierin geeft hij blijk van persoonlijke interesse in niet-christelijke religies. Ook vindt men daarin de eerste aanzetten tot zijn theorie over existentialen, basiservaringen, basisinzichten en tradities als (dynamische) confi-

---

[158] *WV*, 226, 235vv. (*SW*, 237, 247vv.).

[159] *WV*, 226 (*SW*, 237).

[160] Vroom noemt drie "urgente" opgaven: "a) spreiding van een redelijke mate van welvaart over de hele wereld; b) reductie van verbruik van energie en grondstoffen in het 'Westen' en onder rijke mensen in andere delen van de wereld [...]; c) ontwikkeling van politieke en culturele strategieën om conflicten met vreedzame culturele en economische middelen op te lossen zonder gewapende confrontaties" (*WV*, 227; *SW*, 238).

[161] *WV*, 220 en 227 (*SW*, 229, 238); vgl. *RZC*, 161.

[162] *WV*, 226-28, 230 (*SW*, 237-39).

[163] *WV*, 260 (*SW*, 273): "Sedert de jaren tachtig heeft de dialogische studie van religie zich langzaam maar gestaag ontwikkeld".

guraties van basisinzichten. Deze theorie werkt hij uit in *Religies en de waarheid* (1988). Tevens zet hij in dit boek aan de hand van het waarheidsbegrip de eerste stappen op het terrein van de analyse van de aard van religies en de verheldering van hun onderlinge relaties. Het boek loopt uit op een pleidooi voor dialoog. Vijf jaar later (1993) gaat hij de interreligieuze dialoog daadwerkelijk aan in zijn *Geen andere goden*. Staand op de bodem van zijn eigen christelijke traditie voert hij gesprekken met boeddhisme, hindoeïsme en islam. Weer tien jaar later (2003) volgt met *Een waaier van visies* zijn *magnum opus* op dit terrein. Vergeleken met eerdere studies valt op dat Vrooms focus zich heeft verbreed van religies naar levensbeschouwingen en—zeer kort door de bocht geformuleerd—van "God" naar "transcendentie". Voor de analyse en de vergelijking van levensbeschouwelijke tradities gebruikt hij twee instrumenten: het onderscheid in zes functies van "het" transcendente en het onderscheid in drie typen van spreken over transcendentie: kosmisch, akosmisch en theïstisch. Het boek mondt opnieuw uit in een pleidooi voor kritische dialoog.[164] Vergeleken met zijn eerdere werk zet Vroom dit pleidooi veèl sterker aan. Dat weerspiegelt zonder twijfel de verschuivingen in de culturele en mondiale verhoudingen gedurende de laatste vijfentwintig jaar.

---

[164] Zie over het kritisch karakter de dialoog bijvoorbeeld WV, 71v., 83, 255 (SW, 63v., 77v., 269). Vgl. ook "Theologies of Religions", 353: "People ask why they live, how they should live; they are thankful for undeserved goodness and look for help and wisdom in bearing sufferings that they do not understand. The religious questions and the deep experiences around the meaning of life will not fade away. Religions pass on deep motivations and therefore they can help but harm as well. Therefore, all religions need reciprocal critique and to learn from the wisdom and perspectives of one another".

Cultureel en politiek engagement

Een van de kenmerken van de gereformeerde traditie waaruit Vroom afkomstig is, is een krachtig cultureel en politiek engagement. In de inleiding van deze bijdrage wees ik er reeds op, dat Abraham Kuyper in 1879 aan de basis stond van de oprichting van de Anti-Revolutionaire Partij, de eerste moderne politieke partij in de Nederlandse geschiedenis, en dat hij van 1901-1905 het ambt van Minister-president bekleedde. Voor en na die periode was Kuyper ook vele jaren lid van de Tweede en de Eerste Kamer van het Nederlandse parlement. Als hoofdredacteur van het dagblad *De Standaard* en het weekblad *De Heraut* gold hij als een van de belangrijkste journalisten en opinieleiders van zijn tijd. De verzuiling, die decennia lang zo kenmerkend was voor de Nederlandse samenleving kan niet zonder Kuyper worden verklaard. Ook Herman Bavinck heeft blijk gegeven van grote maatschappelijke betrokkenheid. Zo was hij nadrukkelijk betrokken bij de leiding van de ARP en nam hij vanaf 1911 namens die partij zitting in de Eerste Kamer. In 1906 richtte hij het Gereformeerd Schoolverband op. Voorts publiceerde hij over pedagogiek[1] en was vanaf 1919 voorzitter van de Onderwijsraad. Hij zette zich in voor de emancipatie van vrouwen.[2] En tijdens en na de Eerste Wereldoorlog schreef hij fundamentele publicaties over het oorlogsvraagstuk.[3] Voor Bavinck was een maatschappelijk en politiek engagement overigens niet vanzelfsprekend. In de traditie van de Afscheiding waaruit hij afkomstig was, bestond juist de neiging de wereld te mijden. Bavinck heeft zich tegen die wereldmijding verzet. Illustratief daarvoor is bijvoorbeeld zijn rede over *De Katholiciteit van Christendom en Kerk* (1888), waarin hij zegt:

---

[1] H. Bavinck, *Paedagogische beginselen*, Kampen: Kok, 1904; *De opvoeding der rijpere jeugd*, Kampen: Kok, 1916; *De nieuwe opvoeding*, Kampen: Kok, 1917.

[2] H. Bavinck, *De vrouw in de hedendaagsche maatschappij*, Kampen: Kok, 1918.

[3] Zie daarover: Dirk van Keulen, "'Wij zitten met dezen oorlog in groote verlegenheid'. Herman Bavinck en het oorlogsvraagstuk", in: George Harinck en Gerrit Neven (red.), *Ontmoetingen met Bavinck*, Barneveld: De Vuurbaak, 2006, 183-204.

Groot schijnt het geloof wel, als men alles verlatend zich in de eenzaamheid opsluit. Maar nog groter komt mij het geloof voor van hem, die, het koninkrijk der hemelen als een schat bewarend, het tegelijk als een zuurdeeg indraagt in de wereld, verzekerd dat Hij die voor ons is, meer is dan die tegen ons is, en machtig om ook te midden der wereld ons te bewaren van het kwaad.[4]

Cultureel en politiek engagement is ook na de tijd van Kuyper en Bavinck kenmerkend gebleven voor de GKN. De ARP, die in 1980 met de Christelijke Historische Unie en de Katholieke Volkspartij zou fuseren tot het Christen Democratisch Appèl (CDA), zou een betekenisvolle rol in de Nederlandse politiek vervullen. Daarnaast functioneerden talloze gereformeerde organisaties op vele niveaus en uiteenlopende gebieden in de Nederlandse samenleving.

Met zijn cultureel en politiek engagement staat Vroom dus in een traditie. Het hart van zijn visie is de these dat religie—of zoals hij in later werk zegt: levensbeschouwing—de ziel van de cultuur vormt.[5] Hij heeft deze these vooral uitgewerkt in zijn in 1996 verschenen boek: *Religie als ziel van cultuur*.[6]

Kenmerkend voor de huidige plurale en geseculariseerde westerse samenleving is volgens Vroom de liberale scheiding van de publieke en de private sfeer. Met de secularisatie is, zoals hij zegt, "de horizon uitgewist".[7] Religieuze tradities leren, aldus Vroom, de "ontgrenzing" van het individuele bestaan: "het centrum van het bestaan is niet het eigen ik van waaruit men in tweede instantie de wereld percipieert; het ik maakt deel uit van een

---

[4] H. Bavinck, *De Katholiciteit van Christendom en Kerk*, ingeleid door G. Puchinger, Kampen: Kok, 1968, 37.

[5] *RZC*, 7, 35v., 82-109, 161; vgl. ook: H.M. Vroom, "Evangelie en cultuur: hun onderlinge verhouding", in: *Gereformeerd Theologisch Tijdschrift* 95/1 (februari 1995), 3-12.

[6] Bibliografische gegevens: boven pag. 9, noot 14.. In *Religie als ziel van cultuur* valt de focus nog op het begrip "religie". In later werk staat, zoals we hebben gezien in *Een waaier van visies*, de term "levensbeschouwing" centraal.

[7] *RZC*, 30.

groter geheel waarbinnen het zichzelf lokaliseert. Het draagt zichzelf niet, maar wordt gedragen".[8] Deze ontgrenzing betekent een fundamentele doorbreking van egoïsme, want "individuen worden gedecentreerd door hen in het grotere verband van *mensen voor het aangezicht van God te plaatsen*".[9] Met de secularisatie is deze ontgrenzing weggevallen.[10] Dit heeft ingrijpende gevolgen:

> Als met een wisser is met elke veeg een stuk van de tekening van de westerse cultuur uitgeveegd: eerst de Heer daarboven, toen de fundamenten eronder, daarna de waarden van de westerse cultuur, dan de waarde van de christelijke godsdienst, dan elk geloof, ook het geloof in de mens [...], en tenslotte het uitzicht op een goede toekomst.[11]

Wat er is overgebleven is zuiver individualisme: "elk mens op zich, ieder een eigen leven, ieder mag het zelf zeggen".[12] Religie en levensbeschouwing zijn teruggedrongen tot het domein van de privé sfeer; de publieke sfeer zou het zonder levensbeschouwelijke inbreng kunnen doen.[13] Dit wordt verdedigd vanuit de zogeheten neutraliteit van de overheid, waarbij neutraliteit niet wordt opgevat als "'gelijke behandeling' van levensbeschouwe-

---

[8] *RZC*, 96.

[9] *RZC*, 105 (cursivering door Vroom).

[10] *RZC*, 98.

[11] *RZC*, 31.

[12] *RZC*, 31. Kenmerkend voor religies is volgens Vroom "de ontgrenzing van het individuele bestaan". Religieuze tradities leren mensen dat "het centrum van het bestaan [...] niet het eigen ik [is] van waaruit men in tweede instantie de wereld percipieert; het ik maakt deel uit van een groter geheel waarbinnen het zichzelf lokaliseert. Het draagt zichzelf niet, maar wordt gedragen". Deze ontgrenzing betekent een fundamentele doorbreking van egoïsme (*RZC*, 96), want "individuen worden gedecentreerd door hen in het grotere verband van mensen voor het aangezicht van God te plaatsen" (*RZC*, 105). Met de secularisatie is deze ontgrenzing weggevallen (*RZC*, 98).

[13] *RZC*, 53.

lijke groeperingen" maar als een "zich niet inlaten met levensbeschouwing".[14]

In *Religie als ziel van cultuur* keert Vroom zich krachtig tegen dit, wat hij noemt, "dogma van de geseculariseerde cultuur".[15] Een zuiver liberale visie op cultuur kan volgens hem niet voldoen. Iedere samenleving heeft een horizon nodig.[16] Aan de hand van zijn theorie over existentialen, basiservaringen, basisinzichten en tradities als (dynamische) configuraties van basisinzichten[17] zet hij uiteen dat religieuze tradities zo'n horizon bieden. Natuurlijk is het zich voegen in een bepaalde religieuze traditie een privé aangelegenheid: "Geloof is een zaak tussen God en mens". Geloven is echter ook—en hier duiken opnieuw karakteristieken van Vrooms visie op geloven op, die ik aan het begin heb genoemd—een wijze van leven: "Geloof wil zich in het hele leven uiten".[18] Dat geldt bijvoorbeeld voor joden: "het Joodse leven is meer door de halacha, de wetgeving, gekenmerkt dan door een aantal geloofsovertuigingen". Het geldt ook voor moslims: *islam* betekent immers geloofsovergave en geloofsgehoorzaamheid. En het geldt voor christenen, want christelijk geloof is "primair leven

---

[14] *RZC*, 123.

[15] *RZC*, 122. Vgl. H.M. Vroom, "'Church'-State Relations in the Public Square: French Laicism and Canadian Multiculturalism", in: W.B. H.J. van de Donk, e.a. (red.), *Geloven in het publieke domein: erkenningen van een dubbele transformatie*, Amsterdam: Amsterdam University Press, 2006, 293-313, vooral 308: "Religions should play an important role in that discussion [the public and political discussion on life and how society should be organized]—as we have seen, religion plays a role in society and is not 'just private'".

[16] *RZC*, 90: "[...] een cultuur [kan] het niet zonder levensbeschouwelijke tradities [...] stellen"; 150: "de samenleving kan godsdienst en levensbeschouwing als bron van zin, moraal en ideeën omtrent 'het goede leven' niet ontberen"; vgl. Vroom, "Brede en smalle gelijkheid", 32: "De gelijkheidsgedachte van de liberaal geworden samenleving is niet voldoende voor een leefbare maatschappij. [...] Het liberalisme zelf [...] heeft geen goed antwoord op de culturele behoeften van de mens; zulk een antwoord bieden alleen omvattende levensbeschouwingen".

[17] *RZC*, 65vv., *passim*.

[18] *RZC*, 36; vgl. 15.

in vertrouwen op God vanuit het perspektief van de belofte van zijn Rijk dat komt".[19] Of zoals hij het in zijn boek *Plaatsbepaling*, dat zich laat lezen als een vervolg op *Religie als de ziel van cultuur*, formuleert: "Geloven is leven in vertrouwen op God zoals Hij zich heeft doen kennen in Christus […] geloven is ook leven overeenkomstig de wil van God".[20]

Aan levensbeschouwelijke tradities kunnen daarom een privé en een publiek aspect worden onderscheiden. Deze twee aspecten kunnen echter niet van elkaar worden gescheiden omdat privé visies gevolgen hebben voor het perspectief dat men op de samenleving heeft en de wijze waarop men zich in de samenleving opstelt en gedraagt.[21]

Religieuze overleveringen zijn, aldus Vroom, "de belangrijkste hermeneutische tradities […] waarover een cultuur beschikt".[22] Ze "bemiddelen tussen abstracte en verre idealen van het goede leven en de concrete levenspraxis".[23] Ze helpen mensen

---

[19] *RZC*, 36. Vgl. H.M. "Religieus pluralisme en publiek domein", in: Henk Vroom en Henk Woldring (red.), *Religies in het publieke domein*, Zoetermeer: Meinema, 2002, 84-95, voor een korte beschrijving hoe de christelijke, de joodse, de islamitische, de hindoeïstische en de boeddhistische traditie zich in Nederland in het publieke domein opstellen.

[20] *Pb*, 199; vgl. 113v. "Christelijk geloof is geen theorie maar een weg […] een manier van leven".

[21] *RZC*, 44, 151; vgl. *WV*, 67, 238, 244v. (*SW*, 59v., 251, 257v.); H.M. Vroom, "Religious Pluralism", in: Hendrik M. Vroom and Jerald D. Gort (eds.), *Holy Scriptures in Judaism, Christianity and Islam: Hermeneutics, Values and Society*, Amsterdam/Atlanta: Rodopi, 1997, 230, 244: "It is impossible to separate the public and private, because many so-called private views […] have implications for what kind of society is desired and how people behave in that society"; "Waarden-vormend onderwijs: op wiens gezag?", 149: "Godsdienst is niet privé, want het is een vorm van leven"; H.M. Vroom, "Christian Faith and Christian Life: Religion and Morality", in: E.A.J.G. Van der Borght (ed.), *Religion without Ulterior Motive*, Leiden/Boston: Brill, 2006, 61-75.

[22] *RZC*, 10.

[23] *RZC*, 17.

"te onderscheiden tussen legitieme en illegitieme begeerten en tussen goede en verkeerde persoonlijke idealen".[24] Ze bieden zo

> een duiding van het leven; ze benoemen goed en kwaad; ze wijzen een weg in de conflicterende eisen van de wereld; ze geven er voorbeelden van hoe mensen een weg hebben gevonden (of juist niet gevonden).[25]

Daarom zijn levensbeschouwelijke tradities fundamenteel en onmisbaar voor een cultuur.[26] De scheiding tussen kerk en staat of, breder, tussen religie en staat moet daarom volgens Vroom worden opgevat als "gelijkberechtiging en niet-inmenging". En religieuze organisaties moet de ruimte worden geboden om "maatschappelijke organisaties in te richten voor taken die voortvloeien uit hun visie op mens en samenleving".[27] Wie denkt een levensbeschouwelijke horizon te kunnen missen en religieuze tradities verbant naar het private domein mist de bronnen voor inspiratie

---

[24] *RZC*, 23; vgl. 32: "Precies dat is wat religieuze tradities doen: mensen een plek aanwijzen binnen een horizon"; 33: "Door de vele verhalen leren de geloofstradities ons het leven te begrijpen; ze wijzen ons een weg"; 90: "Zo draagt religie diepliggende en duurzame motiveringen over, en dus waarden die de beleving van de dingen beïnvloeden en richting geven aan het handelen".

[25] *RZC*, 95; vgl. 35: "De bijbelse verhalen geven zo een kader waarin wij de dingen kunnen beleven en waarin we kunnen kiezen wat belangrijk is om te doen en wat we moeten nalaten. Ze bieden een kader voor een leven in geloof"; 161: "Het Evangelie biedt een horizon waarin mensen de zin van hun leven kunnen ontdekken en de dingen op hun waarde kunnen schatten".

[26] *RZC*, 150: "De samenleving kan godsdienst en levensbeschouwing als bron van zin, moraal en ideeën omtrent 'het goede leven' niet ontberen"; vgl. *WV*, 238 (*SW*, 251): "Omdat deze diepere visies op het leven mensen inspireren, verbonden zijn met de zin van het leven en richting geven aan de manier waarop mensen hun leven vorm willen geven, is belangrijk dat de rol van levensbeschouwing in de samenleving als geheel weer wordt erkend. Levensbeschouwing laat zich niet privatiseren, want iemands visie op het leven raakt vanzelf iemands visie op het samenleven".

[27] "Religieus pluralisme en publiek domein", 97; vgl. *RZC*, 44.

en morele oordeelsvorming.[28] De diepste drijfveren van mensen blijven verborgen.[29] En meer dan dat: "Als de vraag naar het ware en het goede in relativisme verdwijnt, dan vallen de beslissingen in het voordeel van wie aan de macht zijn. Als de bronnen van inspiratie zijn uitgedroogd, heerst het recht van de sterkste".[30] De horizon kan daarom niet zonder schade worden uitgewist.[31]

Naast het feit dat privé opvattingen implicaties hebben voor het publieke leven en de onmisbaarheid van religie als horizon voor het gehele bestaan brengt Vroom nog een ander argument in stelling tegen de scheiding de scheiding van private en publieke sfeer en de privatisering van religie. In iedere samenleving bestaat een hiërarchie van waarden.[32] Wat prioriteit geniet is *altijd* een zaak van levensbeschouwing: "Op de achtergrond van culturele waarden staan onvermijdelijk mensbeelden en wereldbeelden".[33] In feite suggereert hij daarmee, dat "neutraliteit" niet bestaat. In later werk, waarin evenals in *Een waaier van visies* de nadruk valt op term "levensbeschouwing" in plaats van op het begrip "religie", werkt hij dat verder uit. Zo schrijft hij bijvoorbeeld in een artikel over "Religieus pluralisme en publiek domein" (2002):

> Een liberaal *gelooft* dat als ieder mens in vrijheid en verantwoordelijkheid voor zichzelf zorgt, men vervolgens elkaar opzoekt om naar bevind van zaken samen dingen te doen, zodat de samenleving er uiteindelijk het beste van wordt als ieder zelf de vrijheid heeft om de handen uit de eigen (!) mouwen te steken.[34] Een klassieke socialist *gelooft* dat de mens dat de

---

[28] *RZC*, 108.

[29] *RZC*, 124, waar Vroom toevoegt: "De liberale ideologie van de neutrale staat is wat dit betreft niet veel beter dan de communistische regimes die eveneens een blinde vlek hadden voor geloof".

[30] *RZC*, 27.

[31] *RZC*, 65.

[32] *RZC*, 83vv. Vroom definieert een waarde als "alles wat nastrevenswaardig is" (*RZC*, 84; H.M. Vroom, "Waarden-vormend onderwijs: op wiens gezag?", 143).

[33] *RZC*, 85.

[34] Vroom beklemtoont dat aan een geseculariseerd liberaal beeld

mens solidair is en dat de samenleving het beste draait als de overheid namens allen veel zaken regelt. In dit geval wordt de individuele vrijheid dus sterk beperkt en zal men er zorg voor dragen dat de winsten van de bedrijven niet de dominerende factoren in de cultuur worden—zoals nu het geval is. Hieruit moge duidelijk zijn dat deze stromingen op levensbeschouwelijk geloof berusten en geen aanspraak kunnen maken op neutraliteit.[35]

Op grond hiervan stelt Vroom dat "het niet aangaat om het geloof in het primaat van het individu en het geloof in het primaat van het collectief in het openbare leven toelaatbaar te achten, maar religieus geloof niet".[36] Omdat de erkenning en de prioritering van waarden dus altijd berust op levensbeschouwelijke gronden is het niet verstandig om religie en levensbeschouwing naar het private domein te verbannen. Doet men dat wel, dan maakt men het gesprek over de diepste visies en motiveringen van mensen voor hun maatschappelijk handelen onmogelijk. De strikte scheiding tussen privaat en publiek, en de strikte privatisering van levensbeschouwing is daarom in Vrooms ogen "een miskenning van het publieke domein [en] van de aard van religie".[37]

Religie of levensbeschouwing is voor Vroom dus de ziel van de samenleving. Over die ziel kan men echter niet spreken zonder te erkennen dat er sprake is van grote veelkleurigheid: "religieus pluralisme is een feit".[38] Dit betekent een grote uitdaging voor de huidige samenleving. Hier ligt zowel een taak voor de levensbeschouwelijke tradities zelf als voor de overheid.

Levensbeschouwelijke tradities hebben tot taak zichzelf in de plurale cultuur een plaats te geven.[39] Dat omvat onder meer het

---

van mens en samenleving een sterk individualistisch mensbeeld ten grondslag ligt (*RZC*, 53).

[35]"Religieus pluralisme en publiek domein", 78-79 (cursivering door Vroom).

[36]"Religieus pluralisme en publiek domein", 79.

[37]"Religieus pluralisme en publiek domein", 83; vgl. *RZC*, 108.

[38] *RZC*, 40; vgl. 37, 110.

[39] *RZC*, 156.

afleggen van verantwoording voor de eigen visie. Voor wat betreft zijn eigen christelijke traditie levert Vroom daaraan een bijdrage in zijn tot nu toe laatste monografie: *Plaatsbepaling: Christelijk geloof in een seculiere en plurale cultuur* (2006).[40] Na een analyse van de westerse cultuur[41] en een bespreking van wat "redelijke geloofsverantwoording" is—volgens Vroom gaat het in een gesprek over geloof "niet om de vaststelling van isoleerbare feiten, maar om de bespreking van geloofsinzichten en morele inzichten die met dieper gaande gevoelens en stemmingen zijn verbonden"[42]—stelt hij enkele thema's aan de orde. Sommige daarvan zijn ook uitvoerig in ander werk te vinden, zoals de vraag naar historiciteit en de bijbel,[43] de visie van het christelijk geloof op andere godsdiensten, in het bijzonder de islam,[44] en de vraag naar de verhouding tussen religie en geweld.[45] Nieuw in vergelijking met eerder werk is dat Vroom zich begeeft in de discussies over schepping en evolutie en de vraag of onderzoeksresultaten van de natuurwetenschappen een "intelligente inrichting van de natuur" aan het licht brengen (het zogeheten "Intelligent Design debat"). Een godsdienstwijsgerige analyse brengt hem tot de conclusie dat "de idee van een Schepper vooralsnog plausibeler is dan de idee dat de fysische en biologische werkelijkheid een zuiver causaal en in zich gesloten proces is".[46] Uit de wijsgerige idee van een

---

[40] Bibliografische gegevens: pag. 7-8, noot 4.

[41] *Pb*, 13-30. Vroom onderscheidt vijf kenmerken van de westerse cultuur: 1) individualisering; 2) kerk zonder steun van de staat; 3) rationalisering; 4) religieus pluralisme; en 5) het einde van de idee van de maakbaarheid.

[42] *Pb*, 31-58 (citaat: 57); vgl. 188-202.

[43] *Pb*, 83-111.

[44] *Pb*, 112-37 en 138-72.

[45] *Pb*, 173-87; Vroom concludeert: "Wat betreft het verwijt dat religie geweld veroorzaakt kunnen we dus concluderen dat het veel te grof geschut is. Het christelijk geloof zelf is in de kern niet gewelddadig—integendeel. Maar omdat de aanduidingen 'christen' en 'christelijk' onbeschermde 'merknamen' zijn, kan iedereen zolang de wet het niet verbiedt ervan maken wat men wil" (187).

[46] *Pb*, 78.

Intelligent Design volgen enkele eigenschappen van God, zoals "wil, combinatievermogen, een vooruitziende blik, vermogen om plannen te smeden en lijnen uit te zetten, de macht om doelstellingen te verwezenlijken en het vermogen om als denkend goddelijk wezen een wereldse werkelijkheid te 'maken'".[47] De idee dat God goed en rechtvaardig is, kan men uit de idee van een Intelligent Design echter niet afleiden.[48]

De overheid kan in haar beleid niet rekenen met "hogere machten". Het kan alleen maar gaan om "het leven in deze wereld".[49] Een plurale samenleving[50] kan echter uitsluitend bestaan wanneer enerzijds centrale waarden worden gedeeld en er anderzijds ruimte is voor pluriformiteit.[51] Er is een "minimum aan ideeën over het goede leven" nodig.[52] Concreet wijst Vroom in dat verband vooral op onderlinge solidariteit. Deze is "het cement van de plurale samenleving".[53] Dit vereist de erkenning van het maatschappelijk belang van religieuze of levensbeschouwelijke tradities.[54] Juist omdat deze tradities verschillen moeten de voor een samenleving dragende levensbeschouwelijke ideeën publiek kunnen worden besproken:[55] "Een maatschappelijk debat over de grote morele problemen en de richting waarin de cultuur zich zou moeten bewegen, kan niet zonder debat over de levensbeschou-

---

[47] *Pb*, 77.

[48] *Pb*, 79-82.

[49] *RZC*, 150.

[50] Vroom spreekt over "plurale samenleving" en verwerpt het spreken over een "multiculturele samenleving": "Ten eerste vereist de samenleving dat men een aantal waarden gezamenlijk heeft waarvoor men zich wil inzetten: cultuur dus. Ten tweede is de samenleving geen bundel groepen—en ook geen smeltkroes—allemaal hetzelfde—maar een pluriforme samenleving waarin mensen veel delen en ook eigen wegen gaan" (*RZC*, 121).

[51] *RZC*, 128.

[52] *RZC*, 122.

[53] "Religieus pluralisme en publiek domein", 102; vgl. *RZC*, 122.

[54] *RZC*, 149.

[55] *RZC*, 151.

welijke inzichten in God, mens en wereld".⁵⁶ Daarbij helpt het niet om alle vormen van geloof aan elkaar gelijk te stellen. Evenals in *Een waaier van visies* beklemtoont Vroom ook in *Religie als ziel van cultuur*, dat we niet één moreel systeem universeel geldig kunnen verklaren.⁵⁷ Er is welwillende én kritische dialoog nodig:⁵⁸ "Niet door alle geloof gelijk te stellen leert men van anderen, maar door de verschillen en de overeenkomsten te exploreren".⁵⁹ Het is volgens Vroom de taak van de overheid om de voorwaarden te scheppen voor zo'n dialoog. Hij pleit daarom voor de vorming van een "Raad voor Religies en Levensbeschouwingen".⁶⁰

Tevens behoort de overheid volgens hem te erkennen, dat zij zelf niet in staat is om mensen "hoge idealen" bij te brengen. De overheid kan alleen mensen straffen bij overtreding van de wet.⁶¹ De overheid behoort wel de voorwaarden te scheppen voor traditieoverdracht.⁶² Daarmee komen op het terrein van het onderwijs. Vroom heeft daar verscheidene bijdragen aan gewijd. Waardenoverdracht is een belangrijk aspect van onderwijs. Dat kan nooit neutraal geschieden, want "welke waarden de school op welke manier wil vormen, is een levensbeschouwelijke kwestie".⁶³ In lijn

---

⁵⁶ *RZC*, 108; vgl. 64: "Men behoort geloof te verantwoorden, zowel om intellectuele redenen als om respect voor de naaste als om maatschappelijke redenen".

⁵⁷ *RZC*, 109.

⁵⁸ *RZC*, 151.

⁵⁹ *RZC*, 53; vgl. 109: "Door dialoog en studie zullen we moeten uitzoeken wat we delen".

⁶⁰ *RZC*, 153.

⁶¹"Brede en smalle gelijkheid", 33.

⁶²"Religieus pluralisme en publiek domein", 102; "Brede en smalle gelijkheid", 33.

⁶³"Waarden-vormend onderwijs: op wiens gezag?", 159; vgl. 163: "Vorming is als zodanig vorming in een bepaalde richting. [...] Vorming kan niet zonder mensbeeld [...] Humanistische opvattingen zijn—hoezeer te respecteren niet een neutraal middengebied waarop alle levensbeschouwingen elkaar kunnen vinden. Integendeel, het humanisme en het liberalisme zijn levensbeschouwelijke partijen naast andere en verte-

met het voorafgaande betoogt Vroom dat de overheid "de aanspraak op algemeenheid en neutraliteit [moet] verlaten". In plaats daarvan moet de overheid "dialoog, onderling respect en het zoeken naar gemeenschappelijkheid stimuleren".[64] Men moet kinderen "leren om te leven in een wereld vol verschillen". Dat vereist kennis van de eigen levensbeschouwelijke traditie waarin men staat, kennis van andere tradities en het vermogen om daarover met elkaar te spreken.[65] Daarom behoort volgens Vroom het vak "levensbeschouwelijke stromingen" in alle lagen en niveaus van onderwijs verplicht te zijn. Respect voor de veelheid aan tradities is daarbij een voorwaarde.[66] Dat geldt zowel voor een schooltype waarin men tot doel heeft de traditie van een bepaalde "zuil" over te dragen (zuilschool), een schooltype waarin men zowel de eigen traditie wil overdragen als aandacht wil geven aan andere levensbeschouwelijke tradities (ontmoetingsschool), als een schooltype waarin men probeert verschillen te overstijgen en leerlingen met uiteenlopende achtergronden te vormen (algemene of openbare school).[67] Omdat het uiteindelijke doel gelegen

---

genwoordigen geen grootste gemene deler van allen"; "Godsdienstige vorming en religieus pluralisme in het onderwijs", 200: "Neutraal onderwijs bestaat niet: alle onderwijs is levensbeschouwelijk en bijzonder".

[64]"Waarden-vormend onderwijs: op wiens gezag?", 163v.

[65]"Waarden-vormend onderwijs: op wiens gezag?", 159.

[66]"Christelijk godsdienstonderwijs in een plurale cultuur en zijn implicaties voor een dialogische theologie", 159;"Waarden-vormend onderwijs: op wiens gezag?", 163; WJ, 106vv.

[67]"Waarden-vormend onderwijs: op wiens gezag?", 161. Vroom beklemtoont dat alle drie genoemde typen voor- en nadelen hebben. De kracht van een zuilschool is gelegen in de aansluiting bij de thuissituatie; haar zwakte is dat uitwisseling met andere stromingen niet op natuurlijke wijze in het onderwijs zelf gegeven is. De kracht van een ontmoetingsschool is de aansluiting bij de realiteit van de plurale samenleving; haar zwakte is dat de overdracht van de eigen traditie al snel wordt prijsgegeven ter wille van andersdenkenden. De kracht van een algemene of openbare school is dat kinderen uit verschillende tradities bij elkaar op school zitten; haar zwakte is dat "men ter wille van de 'neutraliteit' waarden slechts op een abstract en weinig concreet niveau kan benoemen" en de leerkracht altijd zijn of haar eigen mensbeeld zal trach-

is in het bewaren van de vrede is tolerantie een uiterst belangrijke vormende waarde om over te dragen.[68] Van groot belang bij dit alles is ten slotte de houding van de docent. Deze behoort een middenpositie in te nemen tussen gids en geestelijke. Een docent is geen pastoor, dominee, imam of rabbi, die anderen tracht te winnen voor de eigen levensbeschouwing. Anderzijds mag hij ook niet volstaan met een rol als gids, die met respect over levensbeschouwelijke tradities vertelt zonder zelf keuzes te maken. Als het doel is leerlingen te helpen zelf hun weg te vinden in de plurale samenleving, ontkomt men er volgens Vroom niet aan zelf positie in te nemen.

> De docent vertelt welke aanbiedingen er zijn en hoe je met het "aanbod" kan omgaan. De docent treedt dus meer als afnemer op dan als geestelijke, maar tegelijk draagt de docent, die meer is dan gids, traditie over. De docent bemiddelt tussen de aanbieders- en de afnemersrol.[69]

Een docent heeft dus nooit een neutrale positie en mag het eigen engagement laten merken. Wil men dat op integere wijze doen, dan vergt dat de uitwerking van de regels voor dialoog in de doelstellingen van onderwijs.[70] Concreet gaat het bijvoorbeeld om het aanleren van "sensitiviteit en besef van het anders-zijn van anderen", het proberen om de wereld te zien zoals die voor de ander is, het leren om visies van binnenuit weer te geven en het leren omgaan met kritische vragen.[71] Zo lopen ook Vrooms gedachten

---

ten over te dragen "omdat neutraliteit nu eenmaal onmogelijk is" ("Waarden-vormend onderwijs: op wiens gezag?", 162).

[68] Tolerantie mag men niet verwarren met onverschilligheid: "Tolerantie is juist dat men probeert er vrede mee te hebben dat mensen dingen denken en doen waarmee men het niet eens is" ("Waarden-vormend onderwijs: op wiens gezag?", 164); vgl. *WV*, 71 (*SW*, 63).

[69] "Christelijk godsdienstonderwijs in een plurale cultuur en zijn implicaties voor een dialogische theologie", 150v.

[70] "Christelijk godsdienstonderwijs in een plurale cultuur en zijn implicaties voor een dialogische theologie", 160.

[71] "Godsdienstige vorming en religieus pluralisme in het onderwijs", 197-200.

over cultuur, samenleving, politiek en onderwijs uit op een pleidooi voor kritische dialoog.

Slot

Ik sluit af. In het voorafgaande heb ik getracht een schets te geven van de weg van Henk Vroom door de wereld van religie en levensbeschouwing. Deze weg omspant een periode van ruim 35 jaar en is nauw verbonden met de Vrije Universiteit in Amsterdam. Daar heeft hij gestudeerd en vervolgens zijn gehele loopbaan gewerkt. Eerst als student-assistent, later (aanvankelijk in combinatie met het predikantschap) als wetenschappelijk (hoofd)- medewerker en uiteindelijk als hoogleraar godsdienstwijsbegeerte. Zeer belangrijk voor zijn opleiding waren G.C. Berkouwer en G.E. Meuleman – door hemzelf aangeduid als zijn "fijnzinnige leermeesters".[1] Uitgaand van hun werk heeft Vroom zijn eigen weg gezocht als hermeneutisch-dialogisch theoloog.[2]

Binnen die weg kunnen vier hoofdlijnen worden onderscheiden: 1) Heilige Schrift en hermeneutiek; 2) Gereformeerde oecumene; 3) Theologie der godsdiensten; en 4) Cultureel en politiek engagement. Samen vormen deze vier lijnen een waaier die zich stap voor stap ontvouwt. Met elke stap verbreedt zich de blik: van de Gereformeerde Kerken in Nederland, via de internationale gereformeerde oecumene naar de bonte wereld van godsdiensten (en in een later stadium: levensbeschouwingen) en de plurale samenleving. Hierin komt ook ontwikkeling in zijn gedachtegoed tot uitdrukking. Tussen de vier hoofdlijnen bestaat geen strikte scheiding. Ideeën uit de ene lijn kunnen via kruisbestuiving bevruchtend werken op gedachten uit andere hoofdlijnen.

Een goed voorbeeld daarvan is de in *Religies en de waarheid* ontwikkelde theorie over theorie over existentialen, basiservaringen, basisinzichten en tradities als (dynamische) configuraties van basisinzichten. Deze theorie duikt op vele plaatsen in zijn oeuvre op of wordt daar verondersteld. Uitgaand van deze theorie ontwikkelt hij ook nieuwe inzichten en methoden van onderzoek. Goede voorbeelden daarvan zijn – in *Een waaier van visies* – de zes functies van "het" transcendente en het onderscheid in drie typen van spreken over transcendentie: kosmisch, akosmisch en theïstisch. Deze zet hij in later werk in als instrumenten

---

[1] *Pb*, 161; "Jezus Christus als beeld van God", 64.

[2] Vgl. *WV*, 83 (*SW*, 78).

voor de analyse en de vergelijking van levensbeschouwelijke tradities.

Naast ontwikkeling is ook continuïteit waarneembaar. In zijn dissertatie is Vroom vooral geconcentreerd op de hermeneutiek. Die concentratie is in zijn gehele werk zichtbaar. Of het gaat om bepaalde christelijke geloofsinzichten of om basisinzichten uit religieuze tradities, altijd zal Vroom benadrukken dat deze contextueel bepaald zijn. Uit de aandacht voor het subjectieve moment van kennis ontspringt in *De Schrift alleen* de aandacht voor de thematiek van verscheidenheid en pluralisme. Ook deze loopt vervolgens als een rode draad door zijn gehele oeuvre. Daarbij verwijdt zich wel het perspectief. Ging het aanvankelijk om pluriformiteit in het verstaan van de bijbel, al spoedig krijgt hij ook aandacht voor de pluriformiteit op het veld van religies en levensbeschouwingen. Later verbreedt zich dat tot de plurale samenleving.

In het begin heb ik ook gewezen op enkele karakteristieken van Vrooms geloofsbegrip. De (1) basiservaringen waarop geloof berust uit *Waarom geloven?* keren door de jaren heen telkens terug in zijn al vele keren genoemde theorie over existentialen, basiservaringen, basisinzichten en tradities als (dynamische) configuraties van basisinzichten. De (2) onmisbaarheid van openheid is een basisvoorwaarde voor dialoog. Geloven (3) als het gaan van een weg geldt voor alle religies: geloven is niet zozeer een theorie maar een manier van leven. Voor jodendom, christendom en islam geldt dat dat een manier van leven *coram deo* is. Geloven (4) als vertrouwen is elk geval een karakteristiek het christelijk geloof. In de nadruk op (5) Jezus Christus, zoals die bijvoorbeeld tot uitdrukking komt in zijn dialoog met de islam, blijkt dat Vroom als christelijk theoloog zoekt naar antwoorden op de vragen van de huidige tijd.

Vele keren benadrukt Vroom ook dat het omgaan met pluriformiteit niet gemakkelijk is: "De waaier van visies levert conflictstof".[3] De enige manier om daarmee zowel op het veld van de religies en levensbeschouwingen als in de maatschappij te leren om te gaan is die van de kritische dialoog. Omdat levensbeschouwelijke basisinzichten nauw verbonden zijn met fundamentele er-

---

[3] *WV*, 237 (*SW*, 249, waar de vertaling is verzwakt tot: "The spectrum of worldviews produces food for arguments").

varingen, hoef je je eigen overtuigingen daarbij niet prijs te geven. Maar niemand bezit de waarheid of heeft deze in pacht.[4] Iedereen kan altijd van andere leren. In het feit dat verreweg het groot deel van zijn oeuvre consequent uitloopt op een pleidooi voor kritische dialoog komt de diepste intentie van Vrooms werk aan het licht: het bewaren van de vrede—de vrede met God en de vrede met de mensen.

---

[4] Vgl. *WJ*, 8.

Bibliography of Published Works by Hendrik M. Vroom

compiled by

Annewieke L. Vroom

Editor's note: This list is not exhaustive and does not include all the minor publications and reports that Dr. Vroom edited or authored. As editor-in-chief of *Centraal Weekblad*, the church weekly of the Protestant Church in the Netherlands and its predecessors, from 1996-2007 he wrote a great many articles and editorials for this weekly that are not included here.

As Author

1973
- Reviews of Falk Wagner, *Der Gedanke der Persönlichkeit Gottes bei Fichte und Hegel*; Franz Wolfinger, *Der Glaube nach Johann Evangelist von Kuhn*. *Gereformeerd Theologisch Tijdschrift* 73: 114-17.

1974
- Reviews of F. Mildenberger, *Theorie der Theologie*; O. Bayer, *Was ist Theologie?* A. Grabner Haider, *Theorie der Theologie als Wissenschaft*; J.A. Heyns and W.D. Jonker, *Op weg met die theologie*. *Gereformeerd Theologisch Tijdschrift* 74: 182-85.

1975
- Review of C. Link, *Hegels Wort "Gott selbst ist Tod."* *Gereformeerd Theologisch Tijdschrift* 75: 182-83.

1976
- Reviews of E. Schuurman, *Na-denken over de technisch-wetenschappelijke kultuur*; H.J. Adriaanse, *Zu den Sachen selbst*. *Gereformeerd Theologisch Tijdschrift* 76: 113f., 189f.

1977
- Review of J. Klapwijk, *Dialektiek der verlichting*. *Gereformeerd Theologisch Tijdschrift* 77: 212f.

1978

- *De Schrift alleen? Een vergelijkend onderzoek naar de toetsing van theologische uitspraken volgens de openbaringstheologische visie van Torrance en de hermeneutisch-theologische opvattingen van Van Buren, Ebeling, Moltmann en Pannenberg.* Dissertation VU University Amsterdam. Kampen: Kok.

1979

- "Christelijke politiek en de grondslag van het CDA." *Trouw* 27 (January).
- "De grote daden van God: verhaal of historie? Overwegingen bij de discussie over de methode van de exegese." *Gereformeerd Theologisch Tijdschrift* 79: 215-46.
- "Pannenbergs benadering van de ongelovige denker." *Gereformeerd Theologisch Tijdschrift* 79: 1-23.

1980

- "Belijdenis en Schrift." *Ouderlingenblad* 57: 223-26.
- "Inleg en uitleg." *Rondom het Woord* 22: 71-88.

- "Elk wat wils? Kunnen we met de bijbel alle kanten op?" *Centraal Weekblad* 28 (37): 4.
- "Jezus als de weg van de christenen." Kuyper-lezingen II. *Gereformeerd Weekblad* 36 (12): 93-94.
- "De kern van een belijdenis." *Centraal Weekblad* 28 (35): 3.
- "Temidden van mensen." Kuyper-lezingen I. *Gereformeerd Weekblad* 36 (11): 86-87.
- "Vast en zeker. Over zekerheid en onzekerheid in het geloof." In: *In rapport met de tijd: 100 jaar theologie aan de Vrije Universiteit.* Kampen: Kok. Pp. 252-78.

1981

- "Geloofswaarheid als kennis van de weg." In: J.M. Vlijm (ed.). *Geloofsmanieren. Studies over pluraliteit.* Kampen: Kok. Pp. 200-36.
- "De grote verschuiving in de theologie." *Voorlopig* 13: 186-90.
- "Horen en zien: Facetten van Israels geloofservaring." In: G.D.J. Dingemans *et al. God ervaren?.* Tenminste 2. Kampen: Kok. Pp. 21-33.
- and Yko van der Goot,. "Leeswijzen van de bijbel." *Rondom het Woord* 23: 91-96.
- and Iko van der Goot. "Met de bijbel en met elkaar in gesprek." *Rondom het Woord* 23: 2-7.
- *Naar letter en geest: Over het beroep op de bijbel.* Kampen: Kok.

- "Niet een goed mens moeten zijn." *Voorlopig* 13: 306-09.
- *Zijn tent onder de mensen.* Baarn: Gereformeerde Vrouwenbond.

1982
- "Het bijbelse en het wijsgerige waarheidsbegrip." *Gereformeerd Weekblad* 37: 182f.
- "God of geld." *Voorlopig* (14): 319-23.
- "Meeslepende verhalen vertellen." *Voorlopig* 14: 55-59.
- "Neutrale theologie bestaat niet." *Voorlopig* (14): 200-04.
- Review of H.W. De Knijff, *Sleutel en Slot*. *Gereformeerd Theologisch Tijdschrift* 82: 50-52.
- "Wordt de waarheid door ons gemaakt?" *Gereformeerd Weekblad* 37: 187f.

1983
- "Geloven op gezag?" *Voorlopig* 15: 212-16.
- "Kennis in persoonlijke betrokkenheid." *Philosophia Reformata* 48: 66-73.
- *Zo heer, zo knecht.* Driebergen: Centrale voor Vormingswerk. 49 pages.
- "Uitsprakenfetisjisme." *Voorlopig* 15: 384-88.
- Reviews of J. Verkuyl, *De kernbegrippen van het Marxisme/Leninisme*; P.J. - Roscam Abbing, *Oriëntatie in de theologische wetenschap*. *Gereformeerd Theologisch Tijdschrift* 83 : 115f., 257.
- "De waarheid in het geding." In: A.W. Musschenga (ed.). *De dialoog kritisch bezien*. Baarn: Ten Have. Pp. 31-53.
- "Wie kan nog een christen worden genoemd?" In: J.M. Vlijm (ed.). *Buitensporig geloven. Studies over randkerkelijkheid*. Kampen: Kok. Pp. 111-24.
- "Zelfontplooiing: Een vaag ideaal." *Voorlopig* 15: 60-64.

1984
- "De W.A.R.C. te Brno over het schriftgezag." *Evangelisch Commentaar* 2 (22): 13-16.
- "Zwijgen over Jezus?" *Voorlopig* 16: 133-36.

1985
- "Over de prioriteit van de openbaring." *Gereformeerd Theologisch Tijdschrift* 85: 11-19.
- Review of J.A. Montsma, *De exterritoriale openbaring*. *Centraal Weekblad* 33 (21): 11.
- *Waarom geloven? Argumenten voor en tegen geloof.* Kampen: Kok.
Contributions on dogmatics, exegesis, faith, hermeneutics, church, etc., to F.H. Kuiper and B.J. Robbers (eds). *Katechetisch Lexicon*. Delft: Meinema.

1986

- "The Desirability of Eternal Life." Conference papers of the Sixth European Conference on the Philosophy of Religion, Durham, 26 August-1 September 1986.
- "Drie preekschetsen over I Corinthe 15: 9-58." *Postille* 38 (1986/1987). The Hague: Boekencentrum. Pp. 166-74.
- "Aan het nihilisme voorbij: De godsdienstfilosofie van Nishitani." *Nederlands Theologisch Tijdschrift* 40: 143-59.
- "Preek over Galaten 2:20." *Menigerlei genade* (73): 61-70.
- Review of H.J. Heering, *God ter sprake. Gereformeerd Theologisch Tijdschrift* 86 (1986): 53f.
- Reviews of A.H. Smits, *Bewustzijns-vernauwing en bewustzijnsverruiming in de theologie vanuit de theorie van de wereldconcepten*; J. Firet (ed.), *Zeven weerbarstige woorden uit het christendom. Gereformeerd Theologisch Tijdschrift* 86: 121-22.
- "Het schriftgezag ter diskussie in protestantse kring." *Toetsstenen voor geloven. Praktische Theologie* 4: 427-44.
- "Voorgaan in de viering." *Voorlopig* (17): 102-06.

1987

- "Het geloof ervaren (bespreking van *Tussen openbaring en ervaring: Opstellen aangeboden aan G.P.Hartvelt*)." *Kerknieuws* 44: 10f.

1988

- "Geloven." In: H. Berkhof *et al. Geloven bij benadering: Overwegingen bij moeilijkheid en de mogelijkheid van geloven.* Delft: Meinema. Pp. 11-25.
- "De Hervormde Wereldbond in Portugal." *Evangelisch Commentaar* 6 (17): 13-15.
- *Inleiding in de theologie.* Section I. Heerlen: OThO (Open Theologisch Onderwijs = Open Theological Education).
- *Religies en de waarheid.* Kampen: Kok.

1989

- "Contextualiteit en criteria voor goed christelijk geloof." In: J. Tennekes and H.M. Vroom (eds). *Contextualiteit en christelijk geloof.* Kampen: Kok. Pp. 32-50.
- "Dialoog veronderstelt een basis." *Voorlopig* 21 (8): 2-3.
- *Inleiding tot de studie van religie. Inleiding in de theologie.* Section III. Heerlen: OThO.
- and J. Tennekes. "Introduction." In: J. Tennekes and H.M. Vroom (eds). *Contextualiteit en christelijk geloof.* Kampen: Kok. Pp. 7-15.

- "Het moet wel over God gaan." In: *Kun je je bij God alles voorstellen?* Amsterdam: VUSA Centrum. Pp. 14-22.
- *Religions and the Truth: Philosophical Reflections and Perspectives.* Currents of Encounter 2. Transl. Johan Rebel. Grand Rapids/Amsterdam: Eerdmans/Editions Rodopi. (Translation of *Religies en de waarheid* [1988]).
- "Der Status des Textes in der Exegese mit Hilfe des Computers: Eine Anfrage an Professor Harald Schweizer." In: E. Talstra (ed.). *Computer Assisted Analysis of Biblical Texts.* Amsterdam: Free University Press. Pp. 163-73.
- "Syncretism and Dialogue: A Philosophical Analysis." In: J.D. Gort, H.M. Vroom, R. Fernhout, and A. Wessels (eds). *Dialogue and Syncretism: An Interdisciplinary Approach.* Currents of Encounter 1. Grand Rapids/Amsterdam: Eerdmans/Editions Rodopi. Pp. 26-35.
- "Een verkenning: Geloven in een eeuwig leven." In: A.W. Musschenga and H.M. Vroom (eds). *Houdt het op met de dood?* Kampen: Kok. Pp. 9-24.
- "Wie zullen wij zijn?" In: A.W. Musschenga and H.M. Vroom (eds). *Houdt het op met de dood?* Kampen: Kok. Pp. 118-35.
- "Zit er waarheid in andere religies?" *Ouderlingenblad* 67 (778): 25-27.

1990

- "Do All Religions Worship the Same God?" *Religious Studies* 26: 73-90.
- "De Europese Hervormde Kerken." *Evangelisch Commentaar* 8 (15): 5-6.
- "Godsdienstige vorming en de bijbel." *Voorwerk* 6 (4): 31-38.
- "GOR-rapport over hermeneutiek en ethiek: ruimte voor homofilie." *Kerkinformatie* 223 (December): 19.
- "Vooronderstelt theologie geloof?" In: H.M. Kuitert, J. Veenhof, and H.M. Vroom (eds). *Cultuur als Partner van de Theologie: Opstellen aangeboden aan Prof. dr. G.E. Meuleman.* Kampen: Kok. Pp. 125-39.
- Review of M.C. Smit, *De eerste en tweede geschiedenis. Nederlands Theologisch Tijdschrift* 44: 360.

1991

- "Flitsen uit de synode van de Christian Reformed Church." *Kerkinformatie* 232 (October): 12f.
- "Gods goedheid en het menselijk tasten." In: M.A. Maurice and S.J. Noorda (eds). *De onzekere zekerheid des geloofs.* Zoetermeer: Meinema. Pp. 50-68.
- "God wordt ook gekend uit natuur: Schepping en evolutie. Een rapport van de CRC." *Centraal Weekblad* 39 (29/30): 5.

- "L. Wittgenstein I en L. Wittgenstein II." In: *Geschiedenis van de wijsbegeerte*. Part III. Heerlen: OThO. Pp. 61-87.
- Review of R.S. Sugirtharajah, *Voices from the Margin: Interpreting the Bible in the Third World*. *Studies in Interreligious Dialogue* 1: 186-89.
- "Een steen in de vijver: Ter inleiding" and "De God van Abraham, de God van alle mensen." In: H.M. Vroom (ed.). *De God van de filosofen en de God van de bijbel: Het christelijke Godsbeeld in discussie*. Zoetermeer: Meinema Pp. 9-19, 114-31, 169-71.
- "De wrede natuur en de goede Schepper." *Centraal Weekblad* 39 (47): 8-9.

1992

- "Can We Share in the Religious Experience of Other Religious Traditions?" In: J.D. Gort, H.M. Vroom, R. Fernhout, A. Wessels (eds). *On Sharing Religious Experience*. Currents of Encounter 4. Amsterdam/Grand Rapids: Editions Rodopi/Eerdmans. Pp. 3-12.
- "Does Theology Presuppose Faith?" *Scottish Journal of Theology* 45: 145-63.
- "De gelezen Schrift als principium theologiae." In: M.E. Brinkman (ed.). *100 jaar theologie: Aspecten van een eeuw theologie in de Gereformeerde Kerken in Nederland (1892-1992)*. Kampen: Kok. Pp. 96-160.
- "God and Goodness." In: G. van den Brink *et al.* (eds). *Christian Faith and Philosophical Theology: Essays in Honour of Vincent Brümmer*. Kampen: Kok. Pp. 240-58.
- *Religie als duiding van de dood*. Amsterdam: VU University.
- "Sharing Religious Experience: Recapitulation, Comments, Questions." In: J.D. Gort, H.M. Vroom, R. Fernhout, and A. Wessels (eds). *On Sharing Religious Experience*. Currents of Encounter 4. Amsterdam/Grand Rapids: Editions Rodopi/ Eerdmans. Pp. 269-84.
- "Van antithese naar ontmoeting: Over de plaatsbepaling van christelijk geloof in een pluralistische cultuur." *Gereformeerd Theologisch Tijdschrift* 91: 122-37.
- "Wolfhart Pannenberg." In: Jacob Klapwijk *et al.* (eds). *Bringing into Captivity every Thought: Capita Selecta in the History of Christian Evaluations of Non-Christian Philosophy*. Lanham/New York/London: University Press of America. Pp. 207-27.

1993

- "Anders leren zien: Overwegingen bij de overdracht van geloof in een pluralistische cultuur." In: A. van Harskamp (ed.). *Om de toekomst van een traditie*. Kampen: Kok. Pp. 23-44.
- "Bijbelse theologie: Tussen tekst en prediking." *Interpretatie* 1: 16-20.

- *Geen andere goden: Christelijk geloof in gesprek met boeddhisten, hindoes en moslims*. Kampen: Kok.
- "Een reactie." *Gereformeerd Theologisch Tijdschrift* 93: 109-11.
- "Right Conduct as a Criterion for True Religion." In: J. Kellenberger (ed.). *Interreligious Models and Criteria*. Basingstoke: Macmillan. Pp. 106-31.
- "Scripture Read and Interpreted." *Calvin Theological Journal* 28: 352-71.
- "De spiritualiteit van de prediking." *Centraal Weekblad* 41 (1993) 40: 10.
- "De veranderde lezing van de bijbel." *Gereformeerd Theologisch Tijdschrift* 93: 88-102.

1994
- "Andere zending: Vrij aanbod." *Centraal Weekblad*. 42 (20): 15.
- "Christelijke verhalen over God in een plurale cultuur." *Verbum* 61: 157-62.
- "Church and Society: Some Impressions and Some Thoughts." *Virtual Workshop* (Christian Democratic Academy for Central and Eastern Europe, Budapest) 1 (4): 13-17.
- "Einige Gedanken über Kirche und Gesellschaft." *Virtual Workshop* (Christian Democratic Academy for Central and Eastern Europe, Budapest) 1 (4): 30-35.
- "De God van het christendom en de God van de bijbel." *Parodos* 38 (February): 4-9.
- "Heelheid in een verdeeld bestaan?" *Centraal Weekblad* 42 (39): 8.
- "Interpretatie." *Rondom het Woord* 36 (4): 41-45.
- "Niet bij 'normen en waarden' alleen." *Bestuursforum* 18: 255-58.
- "Nu een tijd om te getuigen." *Centraal Weekblad* 42 (8): 1.
- "De overdracht van waarden en idealen." *Christen Democratische Verkenningen* 10: 434-41.
- "Religious Hermeneutics, Culture and Narratives." *Studies in Interreligious Dialogue* 4: 189-213.
- Review of H.M Kuitert, *Zeker weten*. *Trouw* (30 November).

1995
- "Afsluitende beschouwing: een kritische hermeneutiek." In: W. Stoker (ed.). *De Schriften verstaan: Wijsgerig-hermeneutische en theologisch-hermeneutische teksten*. Zoetermeer: Meinema. Pp. 270-82.
- "Brede en smalle gelijkheid: Gelijkheid - levensbeschouwing - plurale cultuur." In: R Kranenborg and W Stoker (eds). *Religies en (on)gelijkheid in een plurale samenleving*. Leuven/Apeldoorn: Garant. Pp. 17-36.
- "Challenges for the Reformed Churches in our Time and Authentic Spirituality in a Secular Age." In: C.E. Gunton (ed.). *The Church in the*

Reformed Tradition. Geneva: WARC. Pp. 48-53.
- "De dialoog en de verhouding van religies: Een overzicht (1985-1994)." *Nederlands Theologisch Tijdschrift* 50: 35-64.
- "Een docent godsdienst zonder eigen overtuiging?" *Voorwerk: Tijdschrift voor Godsdienstige Vorming in School en Kerk* 12 (4): 36-42.
- "Evangelie en cultuur: Hun onderlinge verhouding." *Gereformeerd Theologisch Tijdschrift* 95: 3-12.
- *Geloofsverantwoording*. Volume 1. Heerlen: OTHO. Pp. 11-46.
- "Inleiding: Edward Schillebeeckx." In: W. Stoker, B. Vedder, and H.M. Vroom. *De Schriften Verstaan: Wijsgerig-hermeneutische en theologisch-hermeneutische teksten*. Meinema: Zoetermeer. Pp. 149-55.
- "Inleiding: Elisabeth Schüssler Fiorenza." In: W. Stoker, B. Vedder, and H.M. Vroom. *De Schriften Verstaan: Wijsgerig-hermeneutische en theologisch-hermeneutische teksten*. Meinema: Zoetermeer. Pp. 173-79.
- "Inleiding: Hans-Georg Gadamer," In: W. Stoker, B. Vedder, and H.M. Vroom. *De Schriften Verstaan: Wijsgerig-hermeneutische en theologisch-hermeneutische teksten*. Meinema: Zoetermeer. Pp. 123-30.
- "Religion als Deutung des Todes." In: G. Oberhammer (ed.). *Im Tod gewinnt der Mensch sein Selbst: Das Phänomen des Todes in asiatischer und abendländischer Religionstraditionen*. Vienna: Österreichische Akademie der Wissenschaften. Pp. 249-92.
- "Religious Ways of Life and Human Rights." In: A.A. An-Na'im, J.D. Gort, H. Jansen, and H.M. Vroom (eds). *Human Rights and Religious Values: An Uneasy Relationship?* Currents of Encounter 8. Grand Rapids/Amsterdam: Eerdmans/Editions Rodopi. Pp. 24-42.
- "Vreemdelingen en bijwoners." *Christen-democratische verkenningen* 11: 532-38.

1996

- "Ter inleiding." In: T.M. Benima (ed.). *Heilige schriften, waarden en plurale samenleving*. Kampen: Kok Agora. Pp. 7-13.
- "Judging and Respecting the Beliefs of Others." In: V. Brümmer and M. Sarot (eds). *Revelation and Experience*. Utrechtse Theologische Reeks 33. Utrecht: Faculteit der Godgeleerdheid. Pp. 109-30.
- "Mag de godsdienstwetenschap het mysterie negeren?" In: A.F. Droogers (ed.). *Boodschap uit het Mysterie: Reacties op de visie van J. van Baal*. Baarn: Ten Have. Pp. 115-27.
- "De Naam boven alle naam." *Ouderlingenblad* 73: 9-12.
- *No Other Gods: Christian Belief in Dialogue with Buddhism, Hinduism, and*

Islam. Transl. Lucy Jansen. Grand Rapids: Wm. B. Eerdmans. (Translation of *Geen andere goden* [1993]).
- *Religie als ziel van de cultuur: Religieus pluralisme als uitdaging*. Zoetermeer: Meinema.
- "Western Core Values in Intercultural Encounter." In: M. Salhi and D. de Vries (eds). *La Société Civile et le Dialogue Euro-Arabe*. The Hague: EAD. Pp. 86-94.

1997

- "Biblical Narratives and the Philosophical Idea of God." *Theological Forum* 25 (2): 2-18.
- *Christelijke organisaties in de plurale cultuur*. Ermelo: Vereniging Contactorgaan Nederlandse Christelijke Werkgevers in de Zorg.
- "Christian Integrity and Dialogue: Some Models in the Theology of Religions." *Arasaradi Journal of Theological Reflection* IX: 1-13.
- "The Function of Religion in Culture: A Hiatus in the Liberal Pragmatic View of Culture and Religion." In: D.A. Crosby and C.D. Hardwick (eds). *Pragmatism, Neo-Pragmatism and Religion: Conversations with Richard Rorty*. American Liberal Religious Thought 6. New York: Peter Lang. Pp. 337-53.
- "Geloof ter sprake brengen: De uitdaging voor de kerk in een geseculariseerde plurale cultuur." In: A.F. Droogers (ed.). *De stereotypering voorbij: Evangelischen en oecumenischen over religieus pluralisme*. Zoetermeer: Boekencentrum. Pp. 77-90.
- and J.D. Gort. "General Introduction." In: H.M. Vroom and J.D. Gort (eds). *Holy Scriptures in Judaism, Christianity and Islam: Hermeneutics, Values and Society*. Currents of Encounter 12. Amsterdam: Editions Rodopi. Pp. vii-xi.
- "Reformed Identity is Reformed Interpretation of Christian Life." In: H. Lucke (ed.). *Hope and Renewal in Times of Change*. Geneva: WARC. Pp. 39-50.
- "Reïncarnatie, vervolmaking en menselijke gelijkheid." In: W. Couwenberg (ed.). *Karma, reïncarnatie en de roep om zingeving*. Kampen: Kok Agora. Pp. 129-37.
- "Religious Insights and Interreligious Fialogue." *The Bulletin of the Henry Martyn Institute* 15: 105.
- "Religious Pluralism: A Christian Perspective." In: H.M. Vroom and J.D. Gort (eds). *Holy Scriptures in Judaism, Christianity and Islam: Hermen-*

eutics, *Values and Society*. Currents of Encounter 12. Amsterdam/Atlanta: Editions Rodopi. Pp. 226-46.
- Review of Paul F. Knitter, *One Earth, Many Religions: Multifaith Dialogue and Global Responsibility*. Studies in Interreligious Dialogue 7: 112-14.
- "Staatsvakken en kerkelijke vakken aan openbare universiteiten." *Skrif en kerk* 18: 210-31.
- "Tegen de stroom in." *Christen Democratische Verkenningen* 479-90.
- "Verzoening in de multiculturele samenleving." *Wereld en Zending* 26 (1): 36-42.
- "De Vrije Universiteit en de organisatie van de theologie in Nederland." *Skrif en kerk* 18: 395-414.
- *Waarom Jezus? Overwegingen aan de hand van het Onze Vader*. Kampen: Kok.

1998

- "Absolutheitsanspruch des Christentums." In: H.D. Betz (ed.). *Encyclopedie Religion in Geschichte und Gegenwart*. Volume I. Tübingen: Mohr/Siebeck. Pp. 82-84.
- "Echt pluralisme en bijzonder onderwijs." *Voorwerk* 14 (5): 4-9.
- "En het geschiedde ... Neutrale criteria en unieke gebeurtenissen." *Kerk en Theologie* 49: 134-47.
- "De inrichting van de theologie in de plurale cultuur." *Skrif en kerk* 19: 419-37.
- "Latere ontwikkelingen in de theologie-opvatting aan de Vrije Universiteit." *Skrif en kerk* 19: 142-59.
- "De plaats van de theologie: Enkele kanttekeningen." *Kerk en Theologie* 49: 328-30.
- "The Unity and Diversity of Religions: The Controversy between Holistic and Non-Holistic Theories of Religion." *Studies in Interreligious Dialogue* 8: 99-112.
- "Wat is met ons bedoeld? (Vraag aan Paul Davies)." *In de Marge* 7: 28-33.

1999

- "Can we Change the Fatherhood of God? The Hermeneutics of Change in the Tradition of the Interpretation of the Bible." In: M. Sarot and G. Brink (eds). *Identity and Change in the Christian Tradition*. Contributions to Philosophical Theology 2. Frankfurt am Main: Peter Lang. Pp. 219-40.

- "Changes in Society and Culture - Netherlands." *Theological Forum* 27 (3): 41-50.
- "Dialog. III. Fundamentaltheologisch." In: H.D. Betz (ed.). *Religion in Geschichte und Gegenwart*. Tübingen: Mohr / Siebeck. P. 818.
- "Tussen goeroe en gids." *Voorwerk* 15 (4): 18-26.

2000

- "Christelijk godsdienstonderwijs in een plurale cultuur en zijn implicaties voor een dialogische theologie." In: B. Roebben (ed.). *Religieus opvoeden in een multiculturele samenleving*. Leuven: Davidsfonds. Pp. 147-66.
- and C. Lienemann-Perrin, and M. Weinrich. "Introduction." In: C. Lienemann-Perrin, H.M. Vroom, and M. Weinrich (eds). *Reformed and Ecumenical: On Being Reformed in Ecumenical Encounters*. Currents of Encounter 16. Amsterdam/Atlanta: Editions Rodopi. Pp. vii-xi.
- "The (Ir)rationalism of the Theistic Concept of God." In: H. Krop, A.L. Molendijk, and H. de Vries (eds). *Post-Theism: Reframing the Judeo-Christian Tradition*. Leuven: Peeters. Pp. 223-36.
- "On Being Reformed." In: C. Lienemann-Perrin, H.M. Vroom, and M. Weinrich (eds). *Reformed and Ecumenical: On Being Reformed in Ecumenical Encounters*. Currents of Encounter 16. Amsterdam/Atlanta: Editions Rodopi. Pp. 153-69.
- "Religious Pluralism and Plural Society." *Studies in Interreligious Dialogue* 10: 197-223.
- Review of L.D. Lefebure, *Revelation, the Religions, and Violence*. *Studies in Interreligious Dialogue* 10: 242-44.
- Review of Natan Lerner, *Religion, Beliefs, and International Human Rights*. *Studies in Interreligious Dialogue* 10: 244-45.
- Review of John D'Arcy May, *After Pluralism: Towards an Interreligious Ethic*. *Studies in Interreligious Dialogue* 10: 245-46.
- and W. Stoker. *Verhulde Waarheid*. Zoetermeer: Meinema.

2001

- "Keith Ward's Comparative Christian Systematic Theology." *Studies in Interreligious Dialogue* 11 (1): 92-100.
- "Kernproblemen in de discussie over geloof, respect, diversiteit en pluraliteit op school en in het onderwijsbeleid: Een slotbeschouwing." In: T.W. Spronk and H.M. Vroom (eds). *Geloven in het Onderwijs*. Amsterdam/Voorburg: Raad van Religies/PC Besturenraad. Pp. 47-52.

- "Levensbeschouwelijk, religieus pluralisme en tolerantie." *Markant: Tijdschrift voor maatschappelijke activering* 3: 48-55.
- "Niet zeuren tegen God." *Hervormd Nederland/Voorlopig* 57: 5-7.
- "Predikantsopleidingen en reductie: De discussie over de reductie van het aantal predikantsopleidingen in Nederland van 1989 tot 1999. Toelichting op de belangrijkste bronnen." *Documentatieblad voor de Nederlandse Kerkgeschiedenis na 1800* 24 (54): 77-102.
- *De rol van godsdienst in emancipatie en integratie*. Amsterdam: De Raad voor Levensbeschouwingen en Religies (Council of Worldviews and Religions).
- "Religie en geweld: Zonder conflicten geen verandering." *De Bazuin* 84 (21 December): 38, 39, 41.

2002

- "Against the Current." In: A. Klink (ed.). *Christian-Democratic Political Observations: Political Philosophical Remarks on Current Issues*. The Hague: Eduard Frei Foundation/Research Institute for the CDA. Pp. 24-39.
- and S. Miedema. "Alle onderwijs bijzonder: Ter inleiding." In: S. Miedema and H.M. Vroom (eds). *Alle onderwijs bijzonder: Levensbeschouwelijke waarden in het onderwijs*. Zoetermeer: Meinema. Pp. 7-15.
- "Boven goed en kwaad uit? Ethiek in het denken van de Kyoto-filosofie." *Tijdschrift voor Theologie* 42: 35-49.
- "Een christelijke visie op de islam." *Kontekstueel* 5 (16): 12-18.
- "From Antithesis to Encounter and Dialogue: Changes in Reformational Epistemology." In: R.A. Kuipers and J.C. Wesselius (eds). *Philosophy as Responsibility: A Celebration of Hendrik Hart's Contribution to the Discipline*. Lanham/New York/Oxford: University Press of America. Pp. 27-39.
- "Gezinus Evert Meuleman". In: *Jaarboek van de Maatschappij der Nederlandse Letterkunde te Leiden*. Leiden: Maatschappij der Nederlandse Letterkunde. Pp. 95-101.
- "God en leegte: Persoonlijk of onpersoonlijk?" *Nederlands Theologisch Tijdschrift* 56: 299-312.
- and S. Miedema. "Ter inleiding." In: S. Miedema and H.M. Vroom (eds). *Alle onderwijs bijzonder: Levensbeschouwelijke waarden in het onderwijs*. Zoetermeer: Meinema. Pp. 7-15.
- "Ter inleiding." In: H.M. Vroom and H.E.S. Woldring (eds). *Religies in het publieke domein*. Zoetermeer: Meinema. Pp. 7-11.

- "The Nature and Origins of Religious Conflicts: Some Philosophical Considerations." In: J.D. Gort, H. Jansen, and H.M. Vroom (eds). *Religion, Conflict and Reconciliation: Multifaith Ideals and Realities*. Currents of Encounter 17. Amsterdam/New York: Editions Rodopi. Pp. 24-34.
- "Religieus pluralisme en multiculturaliteit." In: J. Lucassen and A. de Ruijter (eds). *Nederland multicultureel en pluriform? Een aantal conceptuele studies*. Amsterdam: Aksant. Pp. 177-208.
- "Religieus pluralisme en publiek domein." In H.M. Vroom and H.E.S. Woldring (eds). *Religies in het publieke domein*. Zoetermeer: Meinema. Pp. 75-102.
- and J.D. Gort."Religion, Conflict and Reconciliation." In: J.D. Gort, H. Jansen, and H.M. Vroom (eds). *Religion, Conflict, and Reconciliation: Multifaith Ideals and Realities*. Currents of Encounter 17. Amsterdam/New York: Editions Rodopi. Pp. 3-10.
- "Spreken over geloof: Over de methode van geloofsverantwoording." *Gereformeerd Theologisch Tijdschrift* 102: 123-30.
- "De taak van de overheid in onze cultuur." *Openbaar Bestuur* 10 (12): 8-11.
- and H.E.S. Woldring. "Tot besluit." In: H.M. Vroom and H.E.S. Woldring (eds). *Religies in het publieke domein*. Zoetermeer: Meinema. Pp. 183-89.
- "Waarden-vormend onderwijs: Op wiens gezag?" In: S. Miedema and H.M. Vroom (eds). *Alle onderwijs bijzonder: Levensbeschouwelijke waarden in het onderwijs*. Zoetermeer: Meinema. Pp. 143-65.
- "The World Alliance of Reformed Churches in Europe." In: L. Visscher (ed.). *The Church in Reformed Perspective: A European Reflection*. Geneva: Centre Internationale Reformée John Knox. Pp. 161-67.

2003

- "Levensbeschouwing is geen privé-zaak. Over de noodzaak van inter-levensbeschouwelijke dialoog." In: J. van Burg, P.A. van Gennip, and E. Korthals Altes (eds). *Europa: Balans en richting*. Tiel: Lannoo. Pp. 185-93.
- "Introduction." In: H.M. Vroom, M.L. Daneel, and C. van Engen (eds). *Fullness of Life for All: Challenges for Mission in Early 21st Century*. Festschrift in honor of Jerald D. Gort on the occasion of his 65th birthday. Currents of Encounter 22. Amsterdam/New York: Editions Rodopi. Pp. 1-12.

- "Bricolage and Fullness: On Multiple Participation." In: M.L. Daneel, C. van Engen, and H.M. Vroom (eds). *Fullness of Life for All: Challenges for Mission in Early 21st Century*. Festschrift in honor of Jerald D. Gort on the occasion of his 65th birthday. Currents of Encounter 22. Amsterdam/New York: Editions Rodopi. Pp. 73-87.
- "Introduction." In: M.E. Brinkman, N.F.M. Schreurs, H.M. Vroom and C.J. Wethmar (eds). *Theology between Church, University, and Society*. Assen: Van Gorcum. Pp. 1-11.
- "Theology and Religious Studies: Progress and Relevance." In: M.E. Brinkman, N.F.M. Schreurs, H.M. Vroom, and C.J. Wethmar (eds). *Theology between Church, University, and Society*. Assen: Van Gorcum. Pp. 88-106.
- "How May We Compare Ideas of Transcendence? On the Method of Comparative Theology?" In: T.W. Bartel (ed.). *Comparative Theology: Essays for Keith Ward*. London: SPCK. Pp. 66-76.
- and M.A. Oduyoye. "Conclusion." In: M.A. Oduyoye and H.M. Vroom (eds). *One Gospel - Many Cultures: Case Studies and Reflections on Cross-Cultural Theology*. Currents of Encounter 21. Amsterdam/New York: Editions Rodopi. Pp. 225-34.
- and M.A. Oduyoye. "After the Christian Era: The European Context." In: M.A. Oduyoye and H.M. Vroom (eds). *One Gospel - Many Cultures: Case Studies and Reflections on Cross-Cultural Theology*. Currents of Encounter 21. Amsterdam / New York: Editions Rodopi. Pp. 63-82.
- and M.A. Oduyoye. "Introduction." In: M.A. Oduyoye and H.M. Vroom (eds). *One Gospel - Many Cultures: Case Studies and Reflections on Cross-Cultural Theology*. Currents of Encounter 21. Amsterdam/New York: Editions Rodopi. Pp. 1-12.
- and J.H. de Wit and A.F Droogers. "De kleine vriendschapsband: Over intercultureel bijbellezen." *Zandschrift: Contactblad voor het Justititiepastoraat* 8: 19-25.
- "Over de pastorale omgang met andersgelovigen." *Zandschrift: Contactblad voor het Justititiepastoraat* 8: 25-31.

Co-auteur of *Samen Vieren: Met mensen van andere religies*. Oecumenische bezinning. Amersfoort: Raad van Kerken in Nederland (Council of Churches in the Netherlands).

- "Realisme over de multiculturele samenleving." In: *Samen op weg naar een inclusieve samenleving*. Utrecht: Samen-op-weg-kerken, Project group "Kerk-zijn in een multiculturele samenleving." Pp. 45-49.

- "Tot besluit: de ambiguïteit van contextueel geloofsverstaan." In: C.J.G. van der Burg (ed.). *Veelkleurig christendom: Contextualisatie in Noord, Zuid, Oost en West.* Zoetermeer: Meinema. Pp. 227-37.
- *Een waaier van visies: Godsdienstfilosofie en pluralisme.* Kampen: Kok Agora.

2004

- "Bhajans and their Symbols: Religious Hermeneutics of the Good Life." In: M. Sarot and W. Stoker (eds). *Religion and the Good Life.* Assen/Amsterdam: Van Gorcum. Pp. 153-72.
- "Introduction." In: C. Lienemann-Perrin, H.M. Vroom, and M. Weinrich (eds). *Contextuality in Reformed Europe: The Mission of the Church in the Transformation of European Culture.* Currents of Encounter 23. Amsterdam/New York: Editions Rodopi. Pp. 3-14.
- "Justification, Freedom and Witness: Reflections on Part 4." In: C. Lienemann-Perrin, H.M. Vroom, and M. Weinrich (eds). *Contextuality in Reformed Europe: The Mission of the Church in the Transformation of European Culture.* Currents of Encounter 23. Amsterdam/New York: Editions Rodopi. Pp. 275-88.
- "Religie en maatschappelijke conflicten: Geloof en politiek in een plurale samenleving." *Tijdschrift voor Theologie* 44: 3-13.
- "Understanding the Gospel Contextually: Legitimate and Suspect?" In: C. Lienemann-Perrin, H.M. Vroom, and M. Weinrich (eds). *Contextuality in Reformed Europe: The Mission of the Church in the Transformation of European Culture.* Currents of Encounter 23. Amsterdam/New York: Editions Rodopi. Pp. 35-54.

2005

- "Ieder(s) talent telt: Een christelijke reflectie op het thema." In: P. van Duyvenbode (ed.). *Competent Talent.* The Hague: Socires/Federatie Christelijk BVE. Pp. 33-38.
- "Islamitische theologie aan de Vrije Universiteit." *EUforum* 4 (2): 26-28.
- "Theologie der Religionen: I. Religionsphilosophisch." In: H.D. Betz (ed.). *Religion in Geschichte und Gegenwart.* 4th ed. Vol. VIII. Tübingen: Mohr Siebeck. Pp. 307-09.
- "Valkuilen voor interreligieuze dialoog." *VolZin: Opinieblad voor geloof en samenleving* 4: 26-29.

2006

- "Aanpassing van de Islam aan het Westen? De- en reconstructie van religie." *Psyche en Geloof* 17 (2): 92-112.
- "Christian Faith and Christian Life." In: E.A.J.G. van der Borght (ed.). *Religion without Ulterior Motive.* Leiden: Brill. Pp. 61-75.
- "'Church' and State Relations in the Public Square: French Laicism and Canadian Multiculturalism." In: W.B.H.J. van de Donk *et al.* (eds). *Geloven in het publieke domein: Verkenningen van een dubbele transformatie.* Amsterdam: Amsterdam University Press. Pp. 293-313.
- "'Church' and State Relations in the Public Square. French Laicism and Canadian Multiculturalism." *Studies in Interreligious Dialogue* 16: 190-210.
- "Godsdienstige vorming en religieus pluralisme in het onderwijs." In: S. Miedema and G. Bertram-Troost (eds). *Levensbeschouwelijk leren samenleven: Opvoeding, Identiteit & Ontmoeting.* Pp. 187-200.
- "Interreligious Relations: Incongruent Relations and Rationalities." *Studies in Interreligious Dialogue* 16: 59-71.
- "Islamic Theology at the Vrije Universiteit." In: P. Bos and W. Fritzschy (eds). *Morocco and the Netherlands.* Amsterdam: VU University. Pp. 44-54.
- "Kerkelijk optreden in de publieke sfeer." *Theologisch Debat* 3: 14-22.
- "De nieuwe opleiding islamitische theologie aan de Vrije Universiteit." *Tijdschrift Geestelijke Verzorging* 9 (38): 81-83.
- *Plaatsbepaling: Christelijk geloof in een seculiere en plurale cultuur.* Zoetermeer: Meinema.
- "Postscriptum: The Critique of the Critique of Enlightenment." In: L. Boeve, J. Schrijvers, W. Stoker, and H.M. Vroom (eds). *Faith in the Enlightenment? The Critique of the Enlightenment Revisited.* Currents of Encounter 30. Amsterdam/New York: Editions Rodopi. Pp. 340-58.
- *A Spectrum of World Views: An Introduction to Philosophy of Religion in a Pluralistic World.* Currents of Encounter 29. Amsterdam/New York: Editions Rodopi. (Transl. of *Een waaier van visies* [2003]).
- "Syncretism and Dialogue: A Philosophical Analysis." In: R. Kirste *et al.* (eds). *Europa im Orient – Der Orient in Europa.* Balve: Zimmermann Verlag. Pp. 393-405. (Reprint of article from 1989).
- "Theology of Religions: Observations." In: J.D. Gort, H. Jansen, and H.M. Vroom (eds). *Religions View Religions: Explorations in Pursuit of*

Understanding. Currents of Encounter 25. Amsterdam/New York: Editions Rodopi. Pp. 339-54.
- "Vijf redenen voor religie in het onderwijs." In: S. Miedema (ed.). *Religie in het onderwijs: Zekerheden en onzekerheden van levensbeschouwelijke vorming*. Zoetermeer: Meinema. Pp. 55-69.

2007

- "Civilization as a Governmental Task in a Pluralistic Society: A Review Article on Henk Woldring's *Pluralisme, integratie en cohesie*." *Studies in Interreligious Dialogue* 17: 119-25.
- "The Dignity of 'I' and 'Me'." In: P. Middleton (ed.). *The God of Love and Human Dignity: Essays in Honour of George M. Newlands*. London: T & T Clark. Pp. 35-50.
- "Echt gebeurd? Verhalen of feiten? Over historische en literaire bijbelkritiek en de zeggenschap van de bijbel." *Verbum et Ecclesia* 28: 345-71.
- "Evil from a Comparative Perspective." In: J.D. Gort, H. Jansen, and H.M. Vroom (eds). *Probing the Depths of Evil and Good: Multireligious Views and Case Studies*. Currents of Encounter 33. Amsterdam/New York: Editions Rodopi. Pp. 343-66.
- "Gerechtvaardigde oorlog in vier wereldreligies." In: T. Jansen (ed.). *Burgers en barbaren: Over oorlog tussen recht en macht*. Amsterdam: Boom Tijdschriften. Pp. 264-70.
- "Introduction." In: H.M. Vroom (ed.). *Wrestling with God and Evil: Philosophical Reflections*. Currents of Encounter 31. Amsterdam/New York: Editions Rodopi. Pp. 1-10.
- "Islam and Christianity in the Public Debate." In: B. Klein Goldewijk (Ed.). *Religion, International Relations and Development Cooperation*. Wageningen: Wageningen Academic Publishers. Pp. 217-33.
- "Islam's Adaptation to the West: On the Deconstruction and Reconstruction of Religion." *Scottish Journal of Theology* 60: 226-41.
- "Sin and Decent Society: A Few Untimely Thoughts." *International Journal of Public Theology* (1): 471-88.
- "Philosophy of Religion in a Pluralistic Culture." In: A.F. Sanders (ed.). *D.Z. Phillips' Contemplative Philosophy of Religion: Questions and Responses*. Aldershot/Hampshire: Ashgate. Pp. 181-96.
- Review of Viggo Mortensen (ed.), *Religion and Society: Cross-Disciplinary European Perspectives*. *Studies in Interreligious Dialogue* 17: 126-28.

- "Why Are We Inclined to Do Evil? On the Anthropological Roots of Evil." In: H.M. Vroom (ed.). *Wrestling with God and Evil: Philosophical Reflections*. Currents of Encounter 31. Amsterdam/New York: Editions Rodopi. Pp. 131-46.
- "Why Are We So Inclined to Evil? Religious Views on the Sources of Evil." In: J. Haers, N. Hintersteiner, and G. de Schrijver (eds). *Postcolonial Europe in the Crucible of Cultures: Reckoning with God in a World of Conflicts*. Currents of Encounter 34. Amsterdam/Atlanta: Editions Rodopi. Pp. 163-75.

2008

- "Can We Be Sure about Contingent Religious Insights?" In: D.M. Grube and P. Jonkers (eds). *Religions Challenged to Contingency*. Leiden/Boston: Brill. Pp. 205-20.
- "Christians and the Religions: Towards a Contextual Theology of Religions." In: E. van der Borght (ed.). *Christian Identity*. Leiden/Boston: Brill. Pp. 313-23.
- "Jezus Christus als beeld van God." In: S. El Bouayadi-van de Wetering (ed.). *In het spoor van Jezus en Mohammed*. Zoetermeer: Meinema. Pp. 63-76.
- "Jezus en Mohammed." *Ouderlingenblad* 85 (March): 28-31.
- "Keuzevrijheid en decent society." In: P. Kruitbosch (ed.). *De utopie van de vrije keuze*. Zwolle: PCOB. Pp. 24-28.
- "On Being Reformed." *Reformed World* 58 (4): 189-206.
- "Law, Muslim Majority and the Implementation of Sharia in Northern Nigeria." *International Journal of Public Theology* 2: 484-500.
- "A Theological Faculty as a House with Many Mansions: On the Institutionalisation of Theology in Pluralistic, Secular Societies." *Studies in Interreligious Dialogue* 18: 184-202.
- "Een theologische Faculteit als huis van vele woningen: over de institutionalisering van de theologie in de pluralistische, seculiere samenleving." *Verbum et Ecclesia* 29: 562-85.
- "Verschil in mensbeeld." *Pedagogiek* 28: 67-80.
- "Veronderstelt de natuur een plan en intelligentie?" *Verbum et Ecclesia* 28: 719-41.

2009

- "Gespreide verantwoordelijkheid." In: J.P. Balkenende *et al. Christendemocraten over de kredietcrisis*. The Hague: CDA. Pp. 85-89.

- "Isn't All Contextual Understanding of the Gospel Syncretism?" *Journal of Reformed Theology* 3: 274-87.
- "Kerk en postmoderniteit." In: Pieter Beinder *et al.* (ed.). *Postmodern gereformeerd: Naar een visie op christen-zijn in de hedendaagse belevingscultuur*. Amsterdam: Buijten & Schippenheijn. Pp. 58-72.
- "'Meaning' as a Replacement for 'Justification': On the Consequences of Secularization and Pluralization." In: Michael Weinrich and John P. Burgess (eds). *What is Justification About? Reformed Contributions to an Ecumenical Theme*. Grand Rapids: Eerdmans. Pp. 248-61.
- "Neerhalen wat voor een ander heilig is: Over blasfemie." *Festus: Forum voor samenlevingsvragen* (November): 91-97.
- "Das Zentrum für islamische Theologie an der Freien Universität Amsterdam." In: Wolfram Weisse (ed.). *Theologie im Plural: Eine akademsiche Herausforderung*. Münster: Waxmann. Pp. 57-66.

As Editor

- Co-editor and co-founder of the journal *Studies in Interreligious Dialogue* (1991-)
- Co-editor and co-founder of the series Currents of Encounter: Studies on the Contact between Christianity and Other Religions, published by Editions Rodopi (Amsterdam (1989-)
- Editor-in-chief of the church weekly *Centraal Weekblad* (1996-2007).

1986

- "Contemporary Questions Concerning the Sola Scriptura." Published by the European Area Committee of the World Alliance of Reformed Churches. *Reformed World* 39: 455-73.

1989

- With J.D. Gort, R. Fernhout, and Anton Wessels. *Dialogue and Syncretism: An Interdisciplinary Approach.* Currents of Encounter 1. Grand Rapids/Amsterdam: Eerdmans/Editions Rodopi.

1991

- *De God van de filosofen en de God van de bijbel: Het christelijke Godsbeeld in discussie.* Zoetermeer: Meinema.

1992

- With J.D. Gort, Rein Fernhout, and Anton Wessels. *On Sharing Religious Experience: Possibilities of Interfaith Mutuality.* Currents of Encounter 4. Grand Rapids/Amsterdam: Eerdmans/Editions Rodopi.

1995

- *Geloofsverantwoording.* Volume 1. Heerlen: OTHO.
- With A.A. An-Na'im, J.D. Gort, H. Jansen. *Human Rights and Religious Values: An Uneasy Relationship?* Currents of Encounter 8. Grand Rapids/Amsterdam: Eerdmans/Editions Rodopi.

1997

- With J.D. Gort. *Holy Scriptures in Judaism, Christianity and Islam: Hermeneutics, Values and Society.* Currents of Encounter 12. Amsterdam/Atlanta: Editions Rodopi.

2000

- With C. Lienemann-Perrin, and M. Weinrich. *Reformed and Ecumenical: On Being Reformed in Ecumenical Encounters*. Currents of Encounter 16. Amsterdam/Atlanta: Editions Rodopi.

2001

- *Geloven in het Onderwijs*. Amsterdam/Voorburg: Raad van Religies/PC Besturenraad.

2002

- With J.D. Gort and H. Jansen. *Religion, Conflict, and Reconciliation: Multifaith Ideals and Realities*. Currents of Encounter 17. Amsterdam/ New York: Editions Rodopi.
- With H.E.S. Woldring. *Religies in het publieke domein*. Zoetermeer: Meinema.
- With S. Miedema. *Alle onderwijs bijzonder: Levensbeschouwelijke waarden in het onderwijs*. Zoetermeer: Meinema.

2003

- With M.A. Oduyoye. *One Gospel - Many Cultures: Case Studies and Reflections on Cross-Cultural Theology*. Currents of Encounter 21. Amsterdam/New York: Editions Rodopi.
- With M.L. Daneel, and C. Van Engen. *Fullness of Life for All: Challenges for Mission in Early 21st Century*. Festschrift in honor of Jerald D. Gort on the occasion of his 65th birthday. Currents of Encounter 22. Amsterdam/New York: Editions Rodopi.
- With M.E. Brinkman, N.F.M. Schreurs, and C.J. Wethmar (eds). *Theology between Church, University and Society*. Studies in Theology and Religion 6. Assen: Van Gorkum.
- With C.J.G. van der, Burg, J.D. Gort, R. Kranenborg, and L. Minnema. *Veel-kleurig Christendom: Contextualisatie in Noord, Zuid, Oost en West*. Zoetermeer: Meinema.

2004

- With S. Miedema. *Alle onderwijs bijzonder: Levensbeschouwelijke waarden in het onderwijs*. Reprint. Zoetermeer: Meinema.
- With C. Lienemann-Perrin, and M. Weinrich. *Contextuality in Reformed Europe: The Mission of the Church in the Transformation of European Culture*. Amsterdam/New York: Editions Rodopi.

2006

- With L. Boeve, J. Schrijvers, and W. Stoker. *Faith in the Enlightenment? The Critique of the Enlightenment Revisited.* Currents of Encounter 30. Amsterdam/New York: Editions Rodopi.
- With J.D. Gort and H. Jansen. *Religions View Religions: Explorations in Pursuit of Understanding.* Currents of Encounter 25. Amsterdam/New York: Editions Rodopi.

2007

- With J.D. Gort and H. Jansen. *Probing the Depths of Evil and Good: Multi-religious Views and Case Studies.* Currents of Encounter 33. Amsterdam/New York: Editions Rodopi.
- *Wrestling with God and Evil: Philosophical Reflections.* Currents of Encounter 31. Amsterdam/New York: Editions Rodopi.

2008

- With W.B.S. Bouayadi-van de Wetering. *In het spoor van Jezus en Mohammed.* Zoetermeer/Kapellen: Meinema/ Pelckmans.

www.ingramcontent.com/pod-product-compliance
Lightning Source LLC
Chambersburg PA
CBHW021834300426
44114CB00009BA/433